Die

Konkurrenz des Anspruchs aus dem Vertrage

mit dem

Anspruche aus unerlaubter Handlung

nach

dem Rechte des Bürgerlichen Gesetzbuchs für das Deutsche Reich.

Von

Dr. Eduard Prym.

Berlin 1906.

J. Guttentag, Verlagsbuchhandlung,

G. m. b. H.

Herrn Justizrat **Wolf Dose**

in Kiel

in Verehrung und Dankbarkeit

zugeeignet.

Inhaltsübersicht.

Seite

Einleitung.

Es ist zu unterscheiden,

I. ob ein bestimmter äußerer Vorgang die sämtlichen Tatbestandsmerkmale sowohl einer unerlaubten Handlung als auch einer Vertragsverletzung enthält (Erstes Hauptstück) 15

II. welche Rechtsfolgen diese beiden ihren Tatbestandsmerkmalen nach vorhandenen Ansprüche haben, ob die Ansprüche selbständig nebeneinander bestehen, beide praktisch verfolgbar sind oder aber, ob eine Absorption des einen Anspruchs eintritt, der zu einem sog. virtuellen wird (Zweites Hauptstück) 16

Erstes Hauptstück.

Der äußere Vorgang wird subsumiert unter den gesetzlichen Tatbestand einer Vertragsverletzung und einer unerlaubten Handlung.

Dabei ist nach folgender Richtung zu trennen:

Erster Abschnitt.

Es ist zunächst von einem äußeren Vorgang auszugehen, der zweifellos ein Delikt ist. —

Es fragt sich, ob der Vorgang auch die Merkmale der Vertragsverletzung

A) enthalten muß? 18

Diese Frage ist selbstverständlich zu verneinen.

B) enthalten kann? 18

Ja, nämlich dann, wenn in dem Verhalten zugleich ein Verstoß gegen eine durch den Vertrag begründete Pflicht liegt.

Beispiele: Fälle, in denen keine Vertragsverletzung vorliegt, ferner Fälle der Vertragsverletzung, insbesondere der positiven . . 18

Seite

Zweiter Abschnitt.

Es ist nunmehr von einem äußeren Vorgang auszugehen, der zweifellos eine Vertragsverletzung ist. —

Es fragt sich, ob der Vorgang auch die Tatbestandsmerkmale der unerlaubten Handlung

A) enthalten muß? 20

Ist die Vertragsverletzung „als solche" als Delikt anzusehen?

I. nach § 823 I 20

d. h. ist der Eingriff in ein relatives Recht ein Delikt nach § 823 I, ist unter dem „sonstigen" Rechte auch das relative verstanden?

Diese Frage ist zu verneinen (RG. 57, 353 ff.).

II. nach § 823 II 24

d. h. qualifiziert sich der in der Zuwiderhandlung gegen die Vertragspflichten liegende Verstoß gegen die Vorschriften des Obligationenrechts als Verstoß gegen ein Schutzgesetz im Sinne des § 823 II?

Diese Frage ist zu verneinen.

III. nach § 826? 24

Diese Frage ist selbstverständlich zu verneinen.

Ergebnis zu A): Die Vertragsverletzung muß kein Delikt sein.

B) enthalten kann? 24

Kann ein Tatbestand, der als Vertragsverletzung anzusehen ist, neben den Merkmalen, die ihn zum Vertrage stempeln, auch noch die Merkmale eines deliktischen Tatbestands tragen?

Um diese Frage bejahen zu können, ist erforderlich, daß neben der Vertragsverletzung vorliegt:

I. gleichzeitig Verletzung der in § 823 I geschützten Rechtsgüter (insbesondere des absoluten Rechts) oder Verstoß gegen ein Schutzgesetz (§ 823 II) oder gegen die guten Sitten (§ 826): m. a. W. Verletzung eines deliktisch geschützten Interesses . . 25

Dies (zu I.) reicht jedoch allein zur Bejahung der Frage nicht aus. Es fragt sich außerdem noch,

II. ob nicht durch das obligatorische Verhältnis das Vorliegen eines Delikts ausgeschlossen sein, ob nicht das eine oder andere Merkmal durch den Einfluß der Obligation auf das Delikt fortfallen kann 25

1. Der Einfluß des Vertrags auf die objektive Widerrechtlichkeit 25

a) Der die Widerrechtlichkeit aufhebende Einfluß. (Wegfall der an sich vorhandenen Widerrechtlichkeit um der Obligation willen?)

α) Begriff der Widerrechtlichkeit.

Die negative Funktion dieses Begriffes 25

β) Wegfall der objektiven Widerrechtlichkeit mit Rücksicht auf die Einwilligung.

Seite

Fälle, insbesondere § 548.

Verkannt der Begriff von Cohn bei Gruchot 47, 224, auch von Crome in DJZ. IX. 1. 04 S. 18f 26

γ) Einwilligung selbst dann nicht ausgeschlossen, wenn der Schuldner für den herbeigeführten Erfolg, den entstandenen Schaden haftet: zwar ein Recht zur Verletzung, zur Herbeiführung des Erfolgs des Verhaltens aus der Vertragsberedung zu folgern, aber Schadensersatz, wenn von dem Rechte Gebrauch gemacht wird.

Fälle, wie vorsätzliche (Vorsatz in der farblosen Bedeutung vgl. Zitelmann, BGB. I S. 157) Umgestaltung der Mietwohnung etwa zu gewerblichen Zwecken oder behufs Verlegung der Badeeinrichtung u. dgl.: hier kann Einwilligung vorliegen, abhängig von der Verpflichtung, die Sache nach beendetem Gebrauch in früherem Zustand zurückzugeben, bzw. Schadensersatz zu leisten.

Weitere Fälle häufig bei Überlassung des Gebrauchs vertretbarer oder generell bestimmter Sachen 27

δ) Soweit aber Einwilligung zum Erfolge des Verhaltens fehlt, ist die Widerrechtlichkeit stets gegeben.

Gegen Cosack, Lehrbuch I, § 163 I 2c. — Der Gläubiger begnügt sich nicht mit seinem Schadensersatzanspruch, er willigt nicht ein trotz dieses Anspruchs 28

Das Ergebnis zu a) ist also, daß zwar ein an sich rechtswidriges Verhalten mit Rücksicht auf die aus dem Vertrage entnommene Einwilligung den rechtswidrigen Charakter verlieren kann. Dann aber liegt auch niemals, selbst wenn eine Schadensersatzpflicht besteht, ein Verstoß gegen den Vertrag vor. — Ist aber ein Verhalten an sich rechtswidrig und gleichzeitig eine Vertragsverletzung, so bleibt es rechtswidrig; hier kann das Schuldverhältnis das Tatbestandsmerkmal der Rechtswidrigkeit in keiner Weise beeinflussen 30

b) Der die Widerrechtlichkeit **begründende** Einfluß. (Begründung der an sich nicht vorhandenen Widerrechtlichkeit um der Obligation willen).

α) Bei einem negativen Verhalten.

Kann das an sich nicht widerrechtliche negative Verhalten lediglich um der durch die Obligation auferlegten Pflicht willen zu einem positiven Verhalten widerrechtlich werden?

Diese Frage ist zu verneinen.

Es folgt dies daraus, weil die Verletzung einer bloß dem Schuldner auferlegten Pflicht nicht Verletzung einer Norm des allgemeinen Verhaltens ist.

Seite

Letzteres ist aber zum Begriffe der Widerrechtlichkeit im deliktischen Sinne erforderlich 30

α') Deshalb kann auch ein negatives Verhalten, welches gegen eine durch die Obligation auferlegte Pflicht verstößt, widerrechtlich im deliktischen Sinne sein, wenn gleichzeitig dabei eine Norm des allgemeinen Verhaltens verletzt wird 31

Dies liegt aber vor, d. h. das negative Verhalten, welches Vertragsverletzung ist, ist auch widerrechtlich im deliktischen Sinne:

αα) wenn eine positive Handlung vorangeht, welche die Fortsetzung des Tuns als pflichtmäßig fordert 32

ββ) wenn eine Situation geschaffen wird, angesichts derer ein weiteres negatives Verhalten einen Verstoß gegen die allgemeine Norm bedeutet.

Der Anteil des Schuldners an der Schaffung dieser Situation kann nun lediglich die Übernahme der obligatorischen Verpflichtung sein.

Doch ist damit keineswegs gesagt, daß die vertragliche Verpflichtung als solche diese Kraft habe.

Es bleibt vielmehr wahr, daß es keine über den einzelnen Obligationen schwebende Norm gibt „neminem laede", daß das Gebot inhaltlos ist: „du sollst das tun, was du tun sollst".

Dies wird an Beispielen näher erläutert und dabei unterstellt, der Vertrag sei von Anfang an nichtig: hier zeigt sich dann, daß trotzdem die allgemeine Pflicht unverändert bestehen bleibt: um des Beginns der Handlung, um der Schaffung der Situation willen, also nicht um des obligatorischen Verhältnisses willen, das ja nichtig ist. 32

β') die Anwendung dieses Ergebnisses auf die drei Deliktsgruppen 35

Ein Delikt liegt vor

αα) nach § 823 I, sofern es sich um die Verletzung eines dort geschützten Rechtsgutes handelt . . 35

ββ) nach § 823 II, sofern es sich um die Verletzung eines Schutzgesetzes handelt.

Exkurs: Damit ist nicht zu verwechseln der Fall, daß die verletzte Vertragspflicht noch besonders durch eine öffentlich rechtliche Norm eingeschärft ist: Damit wird die Norm nicht zu einer allgemeinen 35

Seite

γγ) nach § 826 (Nichterfüllung oder verzögerte Erfüllung der Obligation) 36

β) Bei einem positiven Verhalten.

Kann das an sich nicht widerrechtliche positive Verhalten lediglich um der durch die Obligation auferlegten Pflicht willen zu einem negativen Verhalten widerrechtlich werden? 37

Hier ist nach folgender Richtung hin zu unterscheiden:

αα) Hat die Obligation die Kraft, das Recht zum positiven Verhalten zu beseitigen, so ist die Fortsetzung dieses Verhaltens widerrechtlich . . . 37

ββ) Verbietet aber die Obligation lediglich die Ausübung des Rechts, so ist um dieser Obligation willen das Verhalten nicht widerrechtlich.

Die Regel, daß niemals dem Schuldner lediglich durch die Obligation eine allgemeine Pflicht auferlegt werden kann, erleidet auch hier keine Ausnahme 37

Das Ergebnis zu b) ist also, daß weder ein positives Verhalten deshalb, weil es der durch die Obligation auferlegten Pflicht zu einem negativen Verhalten widerspricht, noch ein negatives Verhalten deshalb, weil es der durch die Obligation auferlegten Pflicht zu einem positiven Verhalten widerspricht, rechtswidrig im deliktischen Sinne werden kann. 39

2. Der Einfluß des Vertrags auf das Verschulden 39
(Die Untersuchung gehört streng genommen nicht in die Lehre von der Ansprüchekonkurrenz: denn bei der Differenz zwischen den Graden des Verschuldens bei Delikt und Vertrag liegt jedenfalls eine Vertragsverletzung nicht vor. — Die Notwendigkeit, immerhin diese Frage hier zu behandeln, wird nachgewiesen.)

a) Der Einfluß auf den **Grad** des Verschuldens.

α) bei gesetzlicher Haftungsbeschränkung 40

αα) Die Lehre von der Einschränkung der Haftung auf den im Vertrag bestimmten Grad, so z. B. v. Liszt, Wrzeszinski.

Widerlegung dieser Lehre: Falsche Analogie; es fehlt der zur Analogie zu verwendende Satz . . 40

ββ) Die Lehre von dem Verzicht auf die Haftung für leichtes Verschulden, so z. B. Pernice, Isay, Neumann, Behrend.

Widerlegung dieser Lehre: Der Gedanke des „Verzichts" ist an sich verfehlt, außerdem im Deliktsrechte nicht zu verwerten 42

γγ) Entscheidung für die Verschiedenheit der Haftung in Übereinstimmung mit Crome und Dernburg.

Seite

Hinweis auf das Normale dieser Ansicht in Bekämpfung der herrschenden Ansicht, insbesondere auch Wrzeszinski's:

Es ist inkonsequent, bloß hier bei Verschiedenheit der Haftung für Verschulden auf die voneinander abweichenden praktischen Ergebnisse hinzuweisen: denn soweit man überhaupt den Deliktsanspruch zuläßt, ergeben sich im praktischen Ergebnisse starke Abweichungen von dem Vertragsanspruch: nur wegen der Abweichungen im praktischen Ergebnisse interessiert doch die ganze Frage. — Beispiele.

Ferner Hinweis auf § 307: z. B. ein auf eine unmögliche Leistung gerichteter Schenkungsvertrag macht den Schuldner auch bei leichter Fahrlässigkeit schadensersatzpflichtig.

Endlich § 1488 Sächs. bürgerl. Ges. . . . 43

β) bei vertraglicher Haftungsbeschränkung.

αα) Es kann nur Erlaß im voraus sein und zwar ist Erlaß im voraus für Folgen deliktischer Handlungen an sich möglich, aber begrenzt durch §§ 276 II und 138. — Ein solcher Erlaß fällt m. E. nicht stets unter § 138. A. M. Crome; auch Cohn bei Gruchot 47, 224 (nur im Falle des § 823 II) 46

ββ) Von der Entscheidung zu αα) scharf zu trennen ist die weitere Frage, ob in der Vertragsberedung der Erlaß liegt oder sich die Vertragsberedung bloß auf die Folgen nicht deliktischer Verletzungen bezieht. — Das ist m. E. eine Auslegungsfrage; im Zweifel bezieht sich die Beredung m. E. bloß auf die Folgen der Vertragsverletzung 48

b) Der Einfluß auf das Vorhandensein des **Verschuldens überhaupt.**

Das Tatbestandsmerkmal des Verschuldens kann mit Rücksicht auf die Vertragsberedung wegfallen.

Dabei darf aber das Prinzip des objektiven Maßstabes nicht verkannt werden; — hier gegen Crome in DJZ. IX. 1. 04, S. 18f., der offenbar Verschulden und Widerrechtlichkeit verwechselt 49

Das Ergebnis zu 2. ist also, daß auf das Tatbestandsmerkmal des Verschuldens, soweit es für den deliktischen Tatbestand in Frage kommt, das obligatorische Verhältnis keinen Einfluß ausübt; es ist insbesondere die für den Vertrag gegebene gesetzliche Haftungsbeschränkung für den gesetzlichen Tatbestand der unerlaubten Handlung gleichgültig. — Wohl aber kann der in erster Linie für das obligatorische Verhältnis bestimmte Erlaß im voraus für einen gewissen Grad des Verschuldens unter Umständen auch den Erlaß der Haftung für deliktisches

Seite

Verschulden enthalten. — Dagegen ist ein Verhalten, das an sich fahrlässig ist, mit Rücksicht auf die Vertragsberedung aber der im Verkehr erforderlichen Sorgfalt entspricht, auch unter dem Gesichtspunkte des Delikts niemals schuldhaft.

Zweites Hauptstück.

Das Ergebnis des Ersten Hauptstücks ist, daß sich die äußeren Vorgänge zu den beiden gesetzlichen Tatbeständen wie zwei sich schneidende Kreise verhalten. – Es kommen im folgenden nur Vorgänge in Betracht, die *beide* gesetzlichen Tatbestände umfassen:

Hier treten *zwei verschiedene Normen* einander gegenüber, damit verschiedene Rechtsfolgen, verschiedene Ansprüche.

Es fragt sich, *ob beide* Normen *reelle Ansprüche* erzeugen *oder* ob der Deliktsnorm nur ein *virtueller* Anspruch entspricht? 52

Erster Teil:

Ganz im allgemeinen läßt sich der Grundsatz aufstellen, daß sich die Frage nach der Reellität mehrerer Ansprüche mit der *nach dem Verhältnis der* zu diesen Ansprüchen gehörenden *Rechtsnormen* deckt: 53

A) Ist das Verhältnis der Normen das von *lex specialis zu lex specialis*: dann liegen *zwei* reelle Ansprüche vor.

Diese Ansprüche sind voneinander *vollkommen unabhängig*; z. B. hinsichtlich der Verjährung, hinsichtlich des für einen Anspruch bestellten Pfandes, des Umfangs der Ersatzpflicht, insbesondere auch hinsichtlich der prozessualen Geltendmachung 53

B) Ist das Verhältnis der Normen das von *lex generalis zu lex specialis*: dann ist bloß *ein einziger* Anspruch reeller Natur gegeben 54

Zweiter Teil:

Dieser allgemeine Grundsatz (vgl. Erster Teil) ist *anzuwenden auch auf das Verhältnis der Delikts- zur Kontraktsnorm.* Es fragt sich auch hier, ob erstere lex generalis ist oder ob beide Normen im Verhältnis von lex specialis zu lex specialis stehen? . . . 56

Erster Abschnitt:

Der Regelfall 57

Für die Beantwortung der Frage ergeben sich

A) *Keine Argumente:*

I. aus § 618^{III} (gegen Hellwig).

Hellwig sieht in §§ 823 ff. leges generales zu den vertraglichen Bestimmungen. § 618^{III} wäre überflüssig, wenn neben dem Vertragsanspruch auch noch der Deliktsanspruch möglich wäre. —

Hellwig übersieht offenbar, daß § 618^{III} und damit auch §§ 842—846 Anwendung finden sollen, wenn *nicht* einmal dem Tatbestande nach ein Delikt vorliegt 57

II. aus § 687^{II} (gegen Hellwig).

Seite

Aus der Fassung, die im übrigen durch die Entstehungsgeschichte des Paragraphen sowie durch seine besondere Bedeutung gerechtfertigt ist, läßt sich nicht folgern, wie Hellwig es tut, daß bei der abweichenden Fassung in anderen Paragraphen der Deliktsanspruch nicht gegeben sei 58

III. aus § 682 (gegen v. Liszt, Behrend, Isay).

Es läßt sich aus § 682 die Reellität des Deliktsanspruchs nicht nachweisen,

denn:

1. es steht im § 682 das Verhältnis des Deliktsanspruchs zum Geschäftsführungsanspruch in Frage. — Zur Entscheidung gestellt ist aber die Frage nach dem Verhältnis des Deliktsanspruchs zum Vertragsanspruch 59

2. wäre der Schluß aus § 682 hinsichtlich des Delikts richtig, so wäre der weitere Schluß unabweisbar, den Geschäftsführungs- und analog den Vertragsanspruch mit dem Bereicherungsanspruch konkurrieren zu lassen. Letzteres ist aber jedenfalls unmöglich, da schon begrifflich Vertrags- und Bereicherungsanspruch sich ausschließen (in Anschluß an v. Mayr). 60

B) wohl aber ein Argument

und zwar für das Verhältnis von lex specialis zu lex specialis, für Mehrheit reeller Ansprüche, aus der Eigenart des deliktischen Anspruchs, gleichzeitig neben anderen Ansprüchen bestehen zu können. Diese Eigenart wird nachgewiesen für den Bereicherungsanspruch: dieser und der Deliktsanspruch können nach § 852 beide gleichzeitig nebeneinander bestehen, und zwar folgt dies aus der Natur des Deliktsanspruchs, nicht etwa aus der des Bereicherungsanspruchs. 61

C) Ergebnis:

I. Entscheidung für das Verhältnis von lex specialis zu lex specialis.

Diese Entscheidung hat fundatam intentionem; sie entspricht auch der Geschichte, insbesondere dem römischen und gemeinen Rechte. 62

II. Dieses Verhältnis der Normen zueinander kann nur ein konstantes sein:

§ 823 ist nicht bald lex specialis, bald lex generalis zu den vertraglichen Bestimmungen (gegen v. Liszt u. RG. E. 59, 104). 63

Zweiter Abschnitt:

Der besondere Fall, daß der Schuldner Besitzer, der Gläubiger Eigentümer der Sache ist, daß also drei gesetzliche Tatbestände vorliegen: Vertragsverletzung, Delikt, Vindikationsvereitelung (985 ff.) . . 65

A) Das Verhältnis der §§ 985 ff. zu den Bestimmungen über die Vertragshaftung?

Die die Vertragshaftung regelnden Normen sind leges speciales zu §§ 985 ff. 66

B) Das Verhältnis der §§ 985 ff. zu den Bestimmungen über die Deliktshaftung? 68

Seite

Erster Unterabschnitt.

Beim **Vorliegen** der Voraussetzungen des § 992?

Die Deliktsvorschriften sind leges speciales zu §§ 985 ff.

Beweis: § 992 68

α) Die Auslegung des § 992:

α') Abzulehnen

ist die Auslegung, daß schlechtweg an den Besitzverschaffungsakt durch verbotene Eigenmacht die Vorschriften über die Wirkungen unerlaubter Handlungen geknüpft sind 68

Diese Auslegung verbietet sich deshalb,

αα) weil sonst an schuldloses Verhalten die Deliktshaftung geknüpft sein würde (verbotene Eigenmacht ist von Verschulden unabhängig) 68

ββ) deliktische Verantwortlichkeit eintreten würde, wenn bei Ausübung verbotener Eigenmacht das Moment der Widerrechtlichkeit der Eigentumsverletzung fehlt und nach aller Regel also deliktische Grundsätze überhaupt nicht zur Anwendung kommen. — Dies wird an dem Beispiel erläutert, daß der Mieter sich die Mietsache, mit deren Überlassung der Vermieter vertragswidrig zögert, durch verbotene Eigenmacht verschafft, dabei gezeigt, daß verbotene Eigenmacht nur widerrechtliche Besitz-, nicht aber gleichzeitig widerrechtliche Eigentumsverletzung zu sein braucht, die widerrechtliche Besitzverletzung aber auch nicht unter §§ 823 ff., sondern unter §§ 861 ff. fällt 69

β') Der Sinn des § 992 geht vielmehr dahin, daß beim Vorliegen des Besitzverschaffungsaktes die Haftung für eine unerlaubte Handlung trotz der die deliktische Haftung beschränkenden Vorschriften der §§ 987 ff. nicht ausgeschlossen ist: diese Haftung tritt nämlich dann ein, wenn das Verhalten des Besitzers auch im übrigen die Tatbestandsmerkmale einer unerlaubten Handlung enthält. 70

Zweiter Unterabschnitt:

Beim **Fehlen** der Voraussetzungen des § 992? 71

I. Der Vorgang umfaßt die Tatbestandsmerkmale aus § 823 I?

1. Dann ist die Deliktshaftung ausgeschlossen.

§ 823 I ist im Verhältnis zu §§ 987 ff. lex generalis. . 71

Beweis:

a) Der allgemeine Inhalt der §§ 987 ff.

Es regeln §§ 987 ff. selbständig und erschöpfend die Frage nach der Schadensersatzpflicht. — Die Anwen-

Seite

dung der Vorschriften über unerlaubte Handlungen würde hier zu offenbar widersinnigen Ergebnissen führen 71

b) argumentum e contrario aus § 992. 72

c) Aus § 993 I b ist auch der Ausschluß der Deliktshaftung zu folgern 73

2. Dieses Ergebnis, daß die Tatsache des Besitzes einen Einfluß auf die deliktische Haftung ausübt, ist näher zu erläutern.

a) Der Einfluß ist nicht davon abhängig, ob das Verhalten des Besitzers seinem Rechte entspricht oder nicht. 74

α) Das Verhalten entspricht dem Rechte, zwar nicht dem tatsächlich zustehenden, aber doch dem vermeintlichen.

Einzelne Fälle:

Der Besitzer hält sich

α′) für den Eigenbesitzer,

obwohl ihm nur ein Recht geringeren Inhalts zusteht 75

β′) für den Fremdbesitzer 75

β) Das Verhalten widerspricht dem Rechte.

α′) Die Fälle:

Es steht dem Besitzer ein Recht geringeren Inhalts zu.

Das Verhalten widerspricht aber nicht bloß diesem Rechte geringeren Inhalts, sondern auch einem vermeintlichen Rechte größeren Inhalts, oder auch

diesem Rechte geringeren Inhalts, von dem der Besitzer eine zutreffende Vorstellung hat . . . 75

β′) Die eigentümlichen praktischen Ergebnisse rechtfertigen eine besondere Prüfung dieser Fälle.

Versuche, zu einer anderen Entscheidung zu kommen:

αα) Deliktische Haftung? — Nein.

ββ) Legalhaftung? — Nein.

Es kommt also auch in den Fällen unter β lediglich ein reeller Anspruch (der aus dem Vertrage) in Betracht 76

γ′) Die Entstehungsgeschichte erklärt das eigenartige Ergebnis: die lex ist vergessen! 80

Der Einfluß bezieht sich

α) selbstverständlich nur auf die im Besitz gewesene Sache 83

Seite

β) nicht auf die Verletzung anderer Rechtsgüter durch die im Besitz gewesene Sache 83

(Beispiel: Durch Fahrlässigkeit des Mieters während seiner Besitzzeit wird das im Eigentume des Vermieters stehende Pferd mit einer ansteckenden Krankheit behaftet: es entsteht nun nach Rückgabe des Pferdes im Stalle des Vermieters ein allgemeines Viehsterben.)

Kausal für die Beschädigung der anderen Rechtsgüter ist

αα) nicht das Verschulden im Augenblick der Verletzung der im Besitz gewesenen Sache. [Dieses Verschulden kommt juristisch nicht in Betracht. Dies zeigt sich, wenn man das Verschulden bei der ersten Beschädigung (an der im Besitz gewesenen Sache) ausschaltet.]

ββ) vielmehr das spätere deliktische Verhalten (bei der Übergabe).

II. Der Vorgang umfaßt die Tatbestandsmerkmale aus § 826?

§ 826 ist als die speziellste lex auch lex specialis zu §§ 987 ff.

Es ist hier streng genommen das Verhältnis des Besitzers zum Eigentümer nicht in Frage: nicht wegen der Eigentumsverletzung, sondern wegen der darin liegenden vorsätzlichen unsittlichen Schadenszufügung haftet der Schuldner.

Es übt demnach die Tatsache des Besitzes keinen Einfluß auf die deliktische Haftung aus 85

III. Der Vorgang umfaßt die Tatbestandsmerkmale aus § 823 II?

§ 823 II ist lex specialis zu §§ 987 ff.

Auch hier steht — wie im § 826 — nicht das Verhältnis des Besitzers zum Eigentümer in Frage: der Schuldner wird in Anspruch genommen, nicht weil er schuldhaft rechtswidrig Eigentum verletzt hat, sondern wegen des Verstoßes gegen ein Schutzgesetz.

Es übt deshalb die Tatsache des Besitzes keinen Einfluß auf die deliktische Haftung aus.

Dies wird an Beispielen näher erläutert 86

C. Zusammenfassung und Hinweis auf die praktische Brauchbarkeit der in diesem Abschnitt gefundenen Ergebnisse 89

Literaturverzeichnis.

Behrend, Die Konkurrenz der Kontraktsklage mit der Deliktsklage. Diss. Greifswald, 1900.

Biermann, Das Sachenrecht des Bürgerlichen Gesetzbuchs, 2. Aufl., 1903.

von Blume, Vertragshaftung und Deliktshaftung. Tiergefahr und Vertragsgefahr (Das Recht, IX. Jahrg., Nr. 18), 1905.

Cohn, Erlaß und Verzicht (Beiträge zur Erläuterung des deutschen Rechts, Jahrg. 47), 1903.

Cosack, Lehrbuch des deutschen bürgerlichen Rechts, Bd. I, 4. Aufl., 1903; Bd. II, 3. Aufl., 1901.

Crome, Der Anspruch aus unerlaubter Handlung in Konkurrenz mit anderen Ansprüchen aus demselben Tatbestande (Deutsche Juristenzeitung IX. Jahrg. Nr. 1), 1904.

Ders., System des deutschen bürgerlichen Rechts, Bd. I, 1900; Bd. II, 1902.

Denkschrift zum Entwurf eines Bürgerlichen Gesetzbuchs, 1896.

Dernburg, Das Bürgerliche Recht des Deutschen Reichs und Preußens. Bd. II, 1. Abtlg. 3. Aufl., 1904; Bd. III, 2. Aufl., 1901.

Detmold, Der Begriff des Schutzgesetzes in § 823 des Bürgerlichen Gesetzbuchs (Festgabe für Regelsberger), 1901.

Düringer und Hachenburg, Das Handelsgesetzbuch vom 10. Mai 1897, Bd. III, 1903—1905.

Eck, Vorträge über das Recht des Bürgerlichen Gesetzbuchs, Bd. II, 1904.

Eisele, Zur Lehre von der Klagenkonkurrenz (Archiv für die zivilistische Praxis, Bd. 79 Nr. 10), 1892.

Eltzbacher, Die Handlungsfähigkeit nach deutschem bürgerlichem Recht, Bd. I, 1903.

Endemann, Lehrbuch des bürgerlichen Rechts, Bd. I, 9. Aufl., 1903.

Enneccerus und Lehmann, Das Bürgerliche Recht, Bd. I, 2. Aufl., 1901.

Entscheidungen des Reichsgerichts in Zivilsachen, Bd. 57, 1904; Bd. 59, 1905.

Entscheidungen des Reichsgerichts in Strafsachen, Bd. 1, 1880; Bd. 4. 1881; Bd. 8, 1883; Bd. 10, 1884.

Entscheidungen des Reichsoberhandelsgerichts, Bd. 15, 1875.

Fischer, Otto Christian, Die Verletzung des Gläubigerrechts als unerlaubte Handlung nach dem Bürgerlichen Gesetzbuch für das Deutsche Reich, 1905.

Frank, Das Strafgesetzbuch für das Deutsche Reich, 2. Aufl., 1901.

Gaupp-Stein, Die Zivilprozeßordnung für das Deutsche Reich, 6. und 7. Aufl., 1904.

Golde, Das Verhältnis der Haftung aus unerlaubten Handlungen zur Haftung für vom Schuldner zu vertretende nachträgliche Unmöglichkeit einer Leistung — (Beiträge zur Auslegung des Bürgerlichen Gesetzbuches, herausgegeben von Bernhöft und Binder, 6. Heft), 1905.

Gradenwitz, Wortverzeichnis zum Bürgerlichen Gesetzbuche, 1902.

Hellwig, Anspruch und Klagrecht, 1900.

Ders., Lehrbuch des deutschen Zivilprozeßrechts, I. Bd., 1903.

Helßig, Zur Lehre von der Konkurrenz der Klagen nach römischem Rechte, 1887.

Hölder, Kommentar zum Allgemeinen Teil des Bürgerlichen Gesetzbuchs, 1900.

Ders., Über Ansprüche und Einreden (Archiv für die zivilistische Praxis Bd. 93), 1902.

Isay, Die Geschäftsführung nach dem Bürgerlichen Gesetzbuche für das Deutsche Reich, 1900.

Kipp, Das Reichsgericht und die positiven Vertragsverletzungen (Deutsche Juristen-zeitung VIII. Jahrg. Nr. 11), 1903.

Kritische Vierteljahrsschrift für Gesetzgebung und Rechtswissenschaft Bd. 30 S. 189 ff.: Kritik von Merkel über Helßigs Monographie, 1888.

Langheineken, Anspruch und Einrede nach dem deutschen Bürgerlichen Gesetzbuch, 1903.

Lehmann, Die positiven Vertragsverletzungen (Archiv für die zivilistische Praxis, Bd. 96), 1904.

von Liszt, Die Deliktsobligationen im System des Bürgerlichen Gesetzbuchs, 1898.

Ders., Lehrbuch des deutschen Strafrechts, 10. Aufl., 1900.

Martens, Über Konkurrenz und Kollision der römischen Zivilklagen, 1856.

von Mayr, Der Bereicherungsanspruch des deutschen bürgerlichen Rechtes, 1903.

Meves, Kriminalistische Bemerkungen zum Bürgerlichen Gesetzbuch (Goltdammers Archiv 46. Jahrg.), 1899.

Motive zu dem Entwurfe eines Bürgerlichen Gesetzbuchs für das Deutsche Reich, Bd. I—III, 1888.

Neumann, Handausgabe zum Bürgerlichen Gesetzbuche, Bd. I, 1900.

Ders., Jahrbuch des deutschen Rechtes, 1. u. 2. Jahrg., 1904, 1905.

Oertmann, Der Schadensersatzanspruch des obligatorisch Berechtigten (Berliner Festgabe für Dernburg), 1900.

Ders., Kommentar zum Bürgerlichen Gesetzbuch, Bd. I Abt. 2, 1899.

Ders., Sittenwidrige Handlungen (Deutsche Juristenzeitung VIII. Jahrg. Nr. 11), 1903.

Pernice, Zur Lehre von den Sachbeschädigungen nach römischem Rechte, 1867.

Peters, Die Klagenkonkurrenz im römischen, gemeinen und neuen bürgerlichen Rechte, 1902.

Planck, Erläuterung des Bürgerlichen Gesetzbuchs, Bd. II, 1900, Bd. III, 1902.
Protokolle der Kommission für die zweite Lesung des Entwurfs, Bd. I, 1897; Bd. II, 1898; Bd. III, 1899.
Rehbein, Kommentar zum Bürgerlichen Gesetzbuch, 1899.
von Savigny, System des heutigen Römischen Rechts, Bd. V, 1841.
Siber, Der Rechtszwang im Schuldverhältnis nach deutschem Reichsrecht, 1903.
Staub, Die positiven Vertragsverletzungen, 1904.
Stipanski, Konkurrenz der Kontraktsklage mit der Deliktsklage, Diss. Greifswald, 1901.
Stölzel, Der in der Klage erhobene Anspruch bei Klagenhäufung und bei Eventualaufrechnung (Das Recht, VIII. Jahrg. Nr. 16 u. 17), 1904.
von Wächter, Handbuch des im Königreiche Württemberg geltenden Privatrechts, Bd. II, 1842.
Ders., Pandekten, Bd. I, 1880.
Werner, Die Schadensberechnung bei arglistiger Verleitung zum Vertragsschlusse (Das Recht, IX. Jahrg. Nr. 11), 1905.
Windscheid, Die Actio des römischen Zivilrechts, vom Standpunkte des heutigen Rechts, 1856.
Ders., Lehrbuch des Pandektenrechts, Bd. I u. II, 1891.
Wolff, Das Recht zum Besitze (Festgabe für Koch), 1903.
Wrzeszinski, Die Konkurrenz der Ansprüche nach gemeinem Recht und dem Recht des Bürgerlichen Gesetzbuchs, 1902.
Zitelmann, Das Recht des Bürgerlichen Gesetzbuchs: Allgemeiner Teil, 1900.
Ders., Internationales Privatrecht, Bd. II Stück II, 1903.

Zitierweise: § 990 I b = § 990 Absatz 1 Satz 2 (nach Gradenwitz). — Ist bloß der Name eines Verfassers ohne Angabe des Werkes zitiert, so ist das im vorstehendem Literaturverzeichnis angeführte Werk dieses Verfassers gemeint.

§ 1.

Ein und dasselbe rechtliche Interesse kann durch mehrere Ansprüche geschützt sein. [1])

Das Verhältnis derartiger Ansprüche zueinander wird in der Lehre von der Ansprüchekonkurrenz behandelt.

Eine solche Mehrheit von Ansprüchen beruht entweder auf mehreren äußeren Vorgängen [2]) oder aber auf einem Tatbestand. Auch ein einziger äußerer Vorgang kann — selbst bei Identität der Subjekte (des Berechtigten, des Verpflichteten) und des Inhaltes der Leistung — mehrere Ansprüche erzeugen. [3])

Ob auf solche Weise — durch einen und denselben Tatbestand — ein Anspruch aus unerlaubter Handlung und gleichzeitig ein Anspruch aus dem Vertrage entstehen kann, und in welchem Verhältnisse diese Ansprüche zueinander stehen, ist Gegenstand unserer Untersuchung.

I. Es fragt sich zunächst, ob ein bestimmter äußerer Vorgang die sämtlichen Tatbestandsmerkmale sowohl einer uner-

---

[1]) Vgl. zum folgenden: Hellwig, Anspruch und Klagrecht S. 86ff.; Hellwig, Lehrbuch des deutschen Zivilprozeßrechts I, S. 261ff.; Langheineken, Anspruch und Einrede, S. 135ff.; Wrzeszinski, Die Konkurrenz der Ansprüche, S. 6f.

[2]) Z. B. Empfang von Geld als Darlehen § 607 BGB. und Abschluß eines Anerkennungsvertrages § 781 BGB.

[3]) Z. B. eine unerlaubte Handlung kann den Anspruch aus dem Delikt und den aus ungerechtfertigter Bereicherung erzeugen. Beweis: § 852 II BGB., und zwar können beide Ansprüche gleichzeitig nebeneinander bestehen; es ist nicht etwa der Bereicherungsanspruch erst nach Verjährung des Deliktsanspruches gegeben. Diese Annahme verbietet sich schon deshalb, weil das Gesetz den Bereicherungsanspruch ausdrücklich auch nach der Vollendung der Verjährung gewährt. Vgl. v. Mayr S. 359.

laubten Handlung als auch einer Vortragsverletzung enthalten kann. Soweit ein Vorgang nicht diese sämtlichen Tatbestandsmerkmale umfaßt, liegt von vornherein keine Konkurrenz vor.

II. Sind aber alle diese Tatbestandsmerkmale vorhanden, dann ist weiter zu untersuchen, ob die beiden Ansprüche nebeneinander eine selbständige Existenz haben oder aber, ob sie nur insofern bestehen, als auf den äußeren Vorgang zwar zwei verschiedene, je einen Anspruch erzeugende Bestimmungen passen, die eine Bestimmung aber mit Rücksicht auf die andere ausfällt, und dadurch eine Aufsaugung und Absorption des einen Anspruchs eintritt, der nunmehr — um einen Ausdruck Langheinekens zu gebrauchen — bloß als ein virtueller erscheint.[1])

In der Literatur über die Ansprüchekonkurrenz ist eine Unterscheidung und Trennung nach dieser Richtung hin nicht mit der genügenden Schärfe vorgenommen: Man drückt sich dahin aus, „die mehreren Ansprüche konkurrieren nicht". — Tatsächlich erkennt man aber überhaupt häufig bloß einen einzigen Anspruch an (den aus dem Vertrage), keine Mehrheit von Ansprüchen. Dem Anspruch aus unerlaubter Handlung wird nämlich auch seine virtuelle Existenz abgesprochen, weil schon die Tatbestandsmerkmale einer unerlaubten Handlung fehlen sollen.[2])

Eine Unterscheidung dieser beiden gänzlich verschiedenen Gesichtspunkte findet ihre Rechtfertigung schon in dogmatischen Gründen;[3]) eine solche Trennung empfiehlt sich um so mehr, als sie eine Aufdeckung der möglichen Fehlerquellen und damit eine Nachprüfung der Ergebnisse der Untersuchung erleichtert.

---

[1]) Vgl. Langheineken a. a. O. S. 140; Crome, Syst. II § 325 bei Nr. 50; Hellwig, Anspruch u. Klagrecht S. 97 ff.

[2]) Vgl. auch Crome (i. DJZ. IX, 1, 04, S. 16) in seiner Kritik von Cosack (Bürgerl. Recht Bd. 1 § 163 Ziff. 2 c). Crome spricht hier von Cosacks Ansicht von der Absorption, nach der Cosackschen Auffassung werde der Deliktsanspruch durch den Kontraktsanspruch absorbiert, während Cosack a. a. O. das Vorliegen des Tatbestands des Delikts leugnet. (Nach Cosack fehlt das Tatbestandsmerkmal der Rechtswidrigkeit vgl. unten S. 28).

Auch bei v. Liszt, Deliktsobl. springt auf Seite 14 die Darstellung plötzlich auf das Absorptionsprinzip über. Näheres s. unten S. 40 Anm. 5.

[3]) Vgl. Endemann, Lehrb. 9. Aufl. § 200 Nr. 9. „Es wird vielfach der logische Fehler begangen, daß man sofort die Frage, wie die Konkurrenz beider Haftungsverpflichtungen zu lösen sei, voranstellt, ohne vorher sorgfältig zu prüfen, ob überhaupt beide nebeneinander bestehen."

Des näheren ist zunächst ein Tatbestand, der ein Delikt ist, daraufhin zu untersuchen, ob er auch eine Vertragsverletzung darstellt; sodann ist von einem Tatbestand, der eine Vertragsverletzung ist, auszugehen, und dieser auf seine deliktische Natur hin zu betrachten. Dabei ist auch zu prüfen, ob eine Handlung, die an sich alle Tatbestandsmerkmale eines Delikts enthält, mit Rücksicht auf den Vertrag eines oder das andere dieser Merkmale einbüßt und damit den Charakter einer unerlaubten Handlung verliert.

Freilich können nicht alle hiermit in Zusammenhang stehenden Fragen aufgeworfen werden, geschweige denn eine nach jeder Richtung hin erschöpfende Antwort und Begründung finden. Die Darstellung muß sich auf eine Erörterung der wesentlichen Punkte beschränken.

Erstes Hauptstück.

§ 2.

Die Frage, ob ein Tatbestand (ein äußerer Vorgang), der zweifellos ein Delikt darstellt, unter allen Umständen auch eine Vertragsverletzung sein muß, kann ohne weiteres verneint werden.

Dagegen kann die deliktische Handlung unter Umständen zugleich Verletzung des Vertrags sein, nämlich dann, wenn durch die Begehung der unerlaubten Handlung einer gerade durch diesen Vertrag auferlegten Pflicht zuwider gehandelt wird. Der selbständige, unabhängig von dieser Verpflichtung vollzogene Eingriff ist keine Vertragsverletzung; es handelt sich dann häufig bloß um die Ausnutzung der durch das Vertragsverhältnis gebotenen Gelegenheit.[1]) Steckt der maserkranke Schuldner bei der Bezahlung seiner Schuld die Kinder des Gläubigers an, bestiehlt der Pächter den Verpächter,[2]) so verstößt der Schuldner nicht gegen den Vertrag. Schüttet der Mieter böswillig dem Vermieter Petroleum ins Essen, so kann dieser weder auf Räumung klagen noch Schadenersatz auf Grund des Mietvertrages verlangen.[3])

Ein Anspruch aus dem Vertrage liegt aber m. E. auch dann nicht vor, wenn etwa der Mieter der zweiten Etage beim Auszug aus dem Hause die Lampe unten im Flur zerstört.[4])

Einer anderen rechtlichen Beurteilung unterliegt aber z. B.

---

[1]) Vgl. Endemann, 9. Aufl. § 200 N. 10 f.

[2]) Hellwig, Lehrb. S. 265 N. 50.

[3]) Ein Fall aus der Praxis; das zuständige Amtsgericht ließ damals fälschlich die Räumungsklage zu.

[4]) Die Praxis steht häufig auf einem anderen Standpunkte und macht den Mieter für das Verschulden seines Erfüllungsgehilfen (§ 278) verantwortlich.

der Fall, daß der Erzieher in Überschreitung des ihm zustehenden Züchtigungsrechts die Gesundheit des ihm anvertrauten Kindes beschädigt[1]) oder der Arzt bei der Behandlung des Kranken fahrlässig vorgeht; hier wird gegen die durch den Vertrag begründeten Pflichten verstoßen; hier liegt daher nicht bloß ein Delikt, sondern auch eine Vertragsverletzung vor.

Die wenigen hier angeführten Beispiele zeigen bereits, daß es im einzelnen Falle oft zweifelhaft sein kann, ob neben der unerlaubten Handlung auch noch gegen eine Vertragspflicht verstoßen ist.

Schwierigkeiten bieten insbesondere die Verletzungen, die in der Literatur — nach dem Vorgange Staubs — als „positive Vertragsverletzungen" bezeichnet werden.[2])

Es sind darunter die Fälle verstanden, „in denen jemand eine Verbindlichkeit durch positives Tun verletzt: jemand tut, was er unterlassen soll, oder er bewirkt zwar die Leistung, die er zu bewirken hat, aber fehlerhaft". Man denke z. B. an den vom Reichsgericht[3]) entschiedenen Fall, daß sich der Badegast beim Baden in einem heißen Dampfbad den Rücken verbrennt. Hier fragt es sich, ob der Inhaber der Badeanstalt, sofern ihn Schuld trifft, bloß ein Delikt begangen oder aber auch den Vertrag verletzt hat.

Oder es schiebt der Verleiher dem Entleiher, der Schenker dem Beschenkten schuldhafterweise eine Schaden stiftende Sache zu;[4]) stellt ein solcher Tatbestand auch eine Vertragsverletzung dar?[5])

---

[1]) Vgl. L. 5 § 3 D. 9, 2; L. 13 § 4 D. 19, 2 und darüber Pernice, S. 90 ff.

[2]) Vgl. z. folgenden: Staub, Die positiven Vertragsverletzungen, und vor allem die sehr bemerkenswerte Abhandlung von Lehmann, Die positiven Vertragsverletzungen (im Archiv f. d. ziv. Praxis Bd. 96 Heft 1).

[3]) Vgl. Entsch. des RG. in Zivilsachen, abgedruckt in DJZ. VII 02 S. 435, sowie Staub, S. 38 ff.

[4]) Vgl. Kipp in DJZ. VIII 03 S. 256.

[5]) Auf die Frage, ob hier und in ähnlichen Fällen Ansprüche aus dem Vertrage entstehen, hat die zweifellos feststehende Tatsache, daß ein Delikt vorliegt, einen eigentümlichen Einfluß ausgeübt. Man hat nämlich gesagt, da ja § 823 solchen Verletzungen gegenüber schon ausreichenden Schutz gewähre, so sei es um so unbedenklicher, die Frage nach dem Vorliegen einer Vertragsverletzung zu verneinen. Vgl. Düringer und Hachenburg, Kommentar z. Handelsgesetzbuch III S. 158, sowie Kipp, a. a. O. S. 256. Vgl. Staub, S. 38. Dieser Einfluß ist also nur rein äußerlich; er darf insbesondere nicht auf eine ähnliche

Auf die mannigfachen Fragen, welche sich bei der Beurteilung solcher und ähnlicher Fälle aufdrängen, kann hier nicht näher eingegangen werden. Es genügt, darauf hinzuweisen, „daß „ein Rechtsgrundsatz besteht, wonach demjenigen, dessen Ver„bindlichkeit von einem anderen durch eine positive Handlung „schuldhaft verletzt wird, wegen des hierdurch entstandenen „Schadens ein Anspruch aus dem Vertrag zusteht.“[1]) So verschieden und voneinander abweichend auch die Begründung dieses Rechtsgrundsatzes sein mag, so ist er doch fast allgemein anerkannt.

Es soll nunmehr von einem Tatbestande ausgegangen werden der zweifellos eine Vertragsverletzung enthält und damit auch einen Anspruch aus dem Vertrage erzeugt. Hier ist zu untersuchen, ob ein solcher Tatbestand gleichzeitig auch sämtliche Tatbestandsmerkmale einer unerlaubten Handlung umfassen muß oder unter Umständen umfassen kann.

§ 3.

Die erste zu prüfende Frage ist demnach die, ob die Vertragsverletzung als solche unter allen Umständen als eine deliktische Handlung anzusehen ist.

Sie könnte zunächst dann bejaht werden, wenn der in der Vertragsverletzung stets liegende Eingriff in ein relatives Recht zu den nach § 823 I zum Schadensersatz verpflichtenden Rechtsverletzungen zu rechnen wäre, m. a. W. dann, wenn durch § 823 I nicht nur das absolute, sondern auch das relative Recht geschützt werden soll.

Ist nämlich auch das relative Recht durch § 823 I geschützt, so ist auch (sofern die sonstigen Voraussetzungen dieses Paragraphen vorliegen) der Deliktsanspruch neben dem Vertrags-

---

Stufe gestellt werden mit der später zu besprechenden Wirkung der Vertragsberedung auf den deliktischen Tatbestand. Daß auch diese rechtspolitische Erwägung nicht ausschlaggebend sein darf, ergibt sich schon ohne weiteres daraus, daß die positive Vertragsverletzung auch vorliegen kann, wenn der Deliktstatbestand fehlt, z. B. wenn der Exkulpationsbeweis nach § 831 für einen Gehilfen, dessen Verschulden feststeht und auch nach § 278 zu vertreten wäre, erbracht wird, oder in den zahlreichen Fällen, in denen Objekt der positiven Vertragsverletzung nicht ein in § 823 I geschütztes Rechtsgut ist.

[1]) Staub, S. 15.

anspruch gegeben (mag ersterer auch nur ein virtueller sein). Fällt aber das relative Recht nicht unter den § 823 I, kann es Objekt der Verletzung im Sinne dieser Vorschrift überhaupt nicht sein, so liegt schon aus diesem Grunde kein Delikt vor.

Es wird in der Literatur behauptet, die relativen Rechte fielen unter den Wortlaut des § 823 I, weil sie zu den sonstigen Rechten gehörten. Wenn es hier heiße: „Das Eigentum oder ein sonstiges Recht", so sei damit nicht etwa ein Recht nach Art des Eigentums, ein absolutes Recht, gemeint;[1]) es sei vielmehr das Wort Eigentum bloß eingeschaltet, um einer (möglicherweise unzutreffenden) gesetzgeberischen Lösung der Frage, ob die vorher genannten Rechtsgüter: Leben, Körper, Gesundheit, Freiheit auch Rechte seien,[2]) und damit der Gefahr, Gesetzesinhalt ohne Gesetzeskraft zu schaffen, aus dem Wege zu gehen.

Dieser Interpretation ist nicht zuzustimmen. Unter „Recht" im Sinne des § 823 I BGB. ist nur das absolute, nicht auch das obligatorische Recht zu verstehen.

Auf diese Auslegung weist schon die Entstehungsgeschichte des § 823 hin. Die Untersuchung darüber, ob auch die Verletzung des obligatorischen Rechts unter § 823 I falle, wurde vornehmlich veranlaßt durch die Frage, ob sich auch ein Dritter, der ein obligatorisches Recht vernichte, nach Maßgabe der Vorschrift des § 823 I schadensersatzpflichtig machen könne.

Übrigens geht auch aus den Motiven (Bd. 2 S. 725) hervor, daß im § 704 II, der im wesentlichen unserem § 823 II entspricht, unter „Recht" das absolute Recht verstanden ist: zweifellos widerrechtlich sei die Verletzung des einem anderen zustehenden absoluten Rechts (S. 726). Das obligatorische Recht wird in diesem Zusammenhang — bei der Besprechung des § 704 II — überhaupt nicht erwähnt.

In den Motiven Bd. 3 S. 392 heißt es: „Dabei geht der Ent-

---

[1]) So Crome, System II § 325 N. 5 u. 13; Langheineken, S. 138. (Daß trotzdem aus anderen Gründen kein Delikt vorliegen soll, interessiert hier nicht, vgl. Anm. auf S. 55.) — Die Literatur zu dieser Streitfrage ist nachgewiesen RG. 57, 354. Gegen die Ausführungen des Reichsgerichts wendet sich neuerdings O. Chr. Fischer, S. 70 ff.

[2]) Bezieht sich das sonstige Recht nicht auf die vorher genannten Lebensgüter, sondern lediglich auf das Eigentum, was sprachlich zulässig erscheint, vgl. Enneccerus, § 359 N. 2, so liegt es m. E. um so näher, unter dem sonstigen Rechte ein Recht nach Art des Eigentums zu verstehen.

wurf davon aus, daß nur absolute Rechte durch Delikte verletzbar sind, und daß die Nichterfüllung seitens des Schuldners gegen den Gläubiger kein Delikt ist."

In den Protokollen II Bd. 2 S. 572 wird ausdrücklich die Ansicht zurückgewiesen, daß die Fassung des § 704 II insofern zu weit sei, als sie nicht erkennen lasse, daß darunter die schuldhafte Verletzung obligatorischer Verpflichtungen durch den Schuldner nicht begriffen sein solle.

Beweiskräftiger ist aber die aus dem Gesetze selbst gewonnene Auslegung.

Zunächst würde es mit der Terminologie des BGB. nicht übereinstimmen, unter dem „sonstigen Rechte" aus die obligatorischen Rechte, die Forderungen zu verstehen.

Soll ein Rechtssatz auch auf das Forderungsrecht Anwendung finden, so wird dieses neben dem sonstigen, dem anderen Rechte, stets besonders erwähnt, vgl. §§ 437 und 365 BGB. [1]) [2])

Auch aus dem Inhalte des Gesetzes, dem Zusammenhang der einzelnen Vorschriften und ihrer Abhängigkeit voneinander läßt sich ein wichtiges Argument herleiten. Ist unter dem Rechte im § 823 I BGB. auch das obligatorische Recht verstanden, so kann auch ein Dritter, der das obligatorische Recht vernichtet — es nimmt z. B. der bisherige Gläubiger, der den Anspruch abgetreten hatte, trotzdem die geschuldete Leistung in Empfang und bringt dadurch das Schuldverhältnis zum Erlöschen — eben wegen dieser Verletzung des obligatorischen Rechts dem (neuen) Gläubiger nach § 823 I BGB. schadensersatzpflichtig werden.

Zu dieser Folgerung steht aber das Wesen, die juristische Natur der Obligation in Widerspruch: Nur von dem Schuldner

---

[1]) RG. 57, 355 erwähnt in diesem Zusammenhang auch § 413 BGB. Dieser Paragraph ist für die zur Entscheidung gestellte Frage wohl kaum von Bedeutung.

[2]) Unterstützt wird unsere Ansicht auch bei Anwendung der Methode, den Sinn des Gesetzes dadurch zu ergründen, daß man fragt, wie hätte der Gesetzgeber den von uns unterstellten Sinn in zweifelsfreiem Wortlaut zum Ausdruck bringen müssen, welche Formulierung hätte nahe gelegen? — In der Terminologie des Gesetzes fehlt es an dem geeigneten Ausdruck; den erschöpfenden Ausdruck „absolutes Recht" wendet der Gesetzgeber — schon aus rein sprachlichen Gründen — niemals an. Der Ausdruck „dingliches Recht" vgl. § 221 BGB. oder „Recht an der Sache" vgl. z. B. §§ 851, 949, 964, 973, 974 wäre zu eng gewesen. Damit ist die tatsächliche Formulierung unseres Gesetzes hinreichend erklärt. Vgl. auch oben S. 21 N. 2.

eine Leistung zu fordern, ist der Gläubiger berechtigt — kraft des Schuldverhältnisses — § 241 BGB.,[1]) nur zwischen dem Gläubiger und dem Schuldner bestehen die Rechtsbeziehungen; an den Dritten, der das lediglich im Vertrag wurzelnde Recht zerstört, kann sich der Gläubiger nicht halten; sein Recht geht in dem Anspruch gegen seinen Schuldner restlos auf; für einen Anspruch gegen den Dritten bleibt nichts übrig.[2])

Gewährt man dem Gläubiger wegen der Verletzung dieses Rechts den Anspruch gegen den Dritten, und dazu ist man gezwungen, wenn man unter dem sonstigen Rechte auch das obligatorische Recht versteht, so verleugnet man das im § 241 BGB. ausgesprochene Prinzip.[3])

Es ist demnach die Frage, ob ein Tatbestand, der eine Vertragsverletzung darstellt, unter allen Umständen ein Delikt nach § 823 I ist, zu verneinen, und zwar, weil § 823 I als ein unerläßliches Tatbestandsmerkmal die Verletzung des absoluten Rechts, abgesehen von Leben, Körper, Gesundheit, Freiheit fordert.

---

[1]) Der im ersten Entwurf § 206 gewählte Wortlaut: „Gegenstand eines Schuldverhältnisses kann ein Tun oder ein Unterlassen des Schuldners sein" ist durch die Fassung des § 241 BGB. ersetzt und damit aufs schärfste hervorgekehrt, daß es sich nur um eine Beziehung von einer bestimmten Person zu einer andern bestimmten Person handeln kann. Vgl. ferner Mot. Bd. II S. 2 (kein ius ad rem) sowie S. 727; Denkschrift zum Entwurf S. 39.

[2]) Darauf wird in RG. 57, 356 ausführlich hingewiesen. Doch ist es m. E. verfehlt, das Moment der Widerrechtlichkeit in die Untersuchung hineinzutragen, zu behaupten, die Handlung des Dritten sei dem obligatorisch Berechtigten gegenüber nicht widerrechtlich. — Wird durch einen Verstoß gegen §§ 823 II oder 826 das obligatorische Recht seitens des Dritten vernichtet, so ist m. E. auch gegen diesen Dritten der Deliktsanspruch gegeben. (Vgl. RG. 57, 358: „In vielen Fällen wird der Tatbestand des § 826 und des § 823 Abs. 2 gegeben sein"; ferner die vom RG. S. 357 angeführte Ansicht Jacubetzky's (S. 161); s. auch Prot. II Bd. 2 S. 572). Mag auch die Handlung in der Verletzung des obligatorischen Rechts bestehen, so wird der Schuldner doch deshalb nicht in Anspruch genommen, sondern weil in dieser Handlung der Verstoß gegen ein Schutzgesetz oder vorsätzliche unsittliche Schadenszufügung liegt; wegen der Vermögensbeschädigung, nicht wegen der Rechtsvernichtung ist der Anspruch des Gläubigers gegen den Dritten gerechtfertigt. Vgl. auch unten S. 85 ff.

[3]) Damit hängt zusammen, daß zum Tatbestand der unerlaubten Handlung die „Verletzung allgemeiner, zwischen allen Personen bestehender Rechtsanforderungen" gehört, und bei einer Rechtsbeziehung, die nur zwischen einzelnen bestimmten Personen besteht, eine deliktische Verletzung ausgeschlossen ist. Vgl. Crome, System II § 324 u. S. 31 ff. unserer Abhandlung.

Da das „sonstige" Recht nicht auch das relative Recht mitumfaßt, fällt die Verletzung dieses Rechts nicht einmal unter den Wortlaut des § 823 I.

Man könnte aber auch dadurch zur Annahme eines stets notwendigen Zusammentreffens der Vertragsverletzung mit dem Delikt gelangen, daß man den in der Zuwiderhandlung gegen die Vertragspflichten liegenden Verstoß gegen die Vorschriften des Obligationenrechts als Verstoß gegen ein Schutzgesetz im Sinne des § 823 II qualifiziert. Denn dem Schuldner sind seine obligatorischen Pflichten in der Regel zum Schutze, im Interesse des Gläubigers auferlegt.[1]) Wenn das Gesetz z. B. dem Mieter gebietet, die Sache nach Beendigung der Mietzeit zurückzugeben (§ 556), oder ihm verbietet, von der vermieteten Sache einen vertragswidrigen Gebrauch zu machen (§ 550), so handelt es sich hier sicherlich um Rechtsnormen, die den Schutz des Vermieters bezwecken. Demnach fällt — rein äußerlich betrachtet — nach den im § 823 II gebrauchten Worten das Verhalten des Schuldners unter diese Vorschrift.

Doch umfaßt der Sinn des Ausdrucks: „ein den Schutz eines anderen bezweckendes Gesetz" nicht auch derartige Verstöße gegen obligatorische Verpflichtungen. Der im § 823 II gewählte Ausdruck ist enger auszulegen.

Die Notwendigkeit einschränkender Interpretation ist in der Literatur allgemein anerkannt und wird auch durch die Entstehungsgeschichte zum BGB.[2]) nahegelegt.

Endlich verbietet es sich aber auch, die Vertragsverletzung unter dem Gesichtspunkte des § 826 stets als ein Delikt anzusehen; es bedarf keiner weiteren Ausführung, daß eine Zuwiderhandlung gegen den Vertrag sich nicht immer unter § 826 subsumieren läßt.

Das Ergebnis der bisherigen Untersuchung ist also gewesen, daß die Vertragsverletzung kein Delikt sein muß, weder im Sinne des § 823 I u. II noch des § 826; sie entbehrt ihrer Natur nach des deliktischen Charakters.

Es bleibt nunmehr noch die Frage zu erörtern, ob sie gleichwohl unter Umständen ein Delikt sein kann. Es fragt sich, ob ein Tatbestand, der als Vertragsverletzung anzusehen ist, neben

[1]) Vgl. z. folgenden Detmold in der Festgabe für Regelsberger. S. 324.
[2]) Vgl. Protokolle Bd. II S. 566, 572.

den Merkmalen, die ihn zur Vertragsverletzung stempeln, auch noch die Merkmale eines deliktischen Tatbestands tragen kann.

Damit diese Frage bejaht werden kann, ist vor allem erforderlich, daß die in Betracht kommenden Handlungen neben der Vertragsverletzung gleichzeitig eine Verletzung der in § 823 I geschützten Rechtsgüter, insbesondere des absoluten Rechts, oder ferner den Verstoß gegen ein Schutzgesetz (§ 823 II) oder die guten Sitten (§ 826) enthalten.

Dies reicht jedoch allein nicht aus.

Sind nämlich obige Voraussetzungen gegeben, d. h. liegt eine Vertragsverletzung vor, die zugleich als eine Verletzung der durch die §§ 823 oder 826 geschützten Interessen anzusehen ist, so fragt es sich weiter, ob vielleicht um des obligatorischen Verhältnisses willen doch kein Delikt vorliegt, ob also mit Rücksicht auf die Obligation bei einem Tatbestande, der zwar hinsichtlich des verletzten Interesses den Anforderungen der §§ 823 oder 826 genügt, doch das eine oder andere der übrigen Tatbestandsmerkmale fehlen kann. Daraufhin sollen die verschiedenen Tatbestandsmerkmale geprüft werden.

§ 4.

In erster Linie soll die **objektive Rechtswidrigkeit** untersucht werden, insbesondere, ob das Vertragsverhältnis auf das auch zu dem Tatbestande eines Delikts erforderliche Merkmal der Rechtswidrigkeit [1]) einen Einfluß ausüben kann.

Zunächst fragt es sich hier, ob die an sich vorhandene Widerrechtlichkeit eines Verhaltens um der Obligation willen fortfallen, m. a. W., ob der Einfluß der Obligation sich in der Richtung äußern kann, daß die Widerrechtlichkeit **aufgehoben** wird?

Auszugehen ist von dem Begriff der objektiven Rechtswidrigkeit: „Als objektiv rechtswidrig ist ein Verhalten anzusehen, dessen Erfolg Verletzung des Rechtsgutes eines anderen ist.“ [2]) — In dieser Beziehung interessiert aber der Begriff hier weniger; von besonderer Bedeutung ist er vielmehr in seiner negativen Funktion: „Besondere Umstände können die an sich vorhandene Rechtswidrigkeit ausschließen.“ [3])

[1]) Auch zu den Tatbestandsmerkmalen der §§ 823 II und 826 gehört die Widerrechtlichkeit. Vgl. auch Crome, System I § 107 Nr. 3 i. f.

[2]) u. [3]) Zitelmann, Bürgerl. R. I S. 155.

Diese Umstände haben das Gemeinsame, daß bei ihrem Vorliegen dem Täter ein besonderes Recht, eine Befugnis zu der Verletzung, zur Verursachung des Erfolges zusteht.

Es gehört hierher z. B. die Ausübung der Notwehr oder erlaubter Selbsthilfe, auch Handlungen kraft öffentlichrechtlicher Befugnis. Liegen solche Umstände vor, so fehlt es an einem Delikt, eben weil das Verhalten nicht widerrechtlich ist.[1])

Zu den besonderen die Widerrechtlichkeit der Handlung ausschließenden Umständen gehört auch die Einwilligung, mag sie ausdrücklich erteilt sein oder sich nach Lage der Sache aus den Umständen, insbesondere auch den gesetzlichen Vorschriften, die stillschweigend als bindend angesehen werden, ergeben.[2])

Wenn z. B. ein Haus von dem mit dem Abbruch betrauten Bauunternehmer zerstört wird, so fehlt schon an dem objektiven Tatbestande des Delikts die Rechtswidrigkeit. Das gleiche gilt, wenn der Kassierer sich aus der Geschäftskasse für seine Gehaltsforderung bezahlt macht. (§ 181 BGB.).

Nicht so offensichtlich ist der Grund, dem zufolge der Tatbestand des § 823 nicht vorliegen soll, wenn die Sache durch den vertragsmäßigen Gebrauch seitens des Mieters verschlechtert worden ist (§ 548). — M. E. ist dem Schuldner nicht etwa die Haftung für solche Schäden im voraus erlassen, auch ist durch § 548 nicht zum Ausdruck gebracht, daß ein solches Verhalten noch der im Verkehr erforderlichen Sorgfalt entspricht; vielmehr ist die Widerrechtlichkeit ausgeschlossen:[3]) es fehlt schon der objektive Tatbestand der unerlaubten Handlung mit Rücksicht auf die Einwilligung in den Erfolg. Das Bemerkenswerte ist also, daß die Handlung an sich rechtswidrig ist, weil der Erfolg Ver-

---

[1]) Die Widerrechtlichkeit kann in den Fällen des § 823 II aus gleichen Gründen wie in denen des § 823 I ausgeschlossen sein; insoweit liegt kein Delikt vor.

[2]) Es ist selbstverständlich, daß die Einwilligung wirksam erteilt sein muß, also nicht seitens eines Geschäftsunfähigen oder in bezug auf Güter, die der Verfügung des Einwilligenden nicht unterliegen, wie Leben, Gesundheit usw. —

Im einzelnen Falle kann die Frage Zweifeln und erheblichen Schwierigkeiten unterliegen. Vgl. auch Meves, Kriminalistische Erörterungen aus dem Gebiete des bürgerl. Rechts in Goltdammers Archiv 46 S. 85; ferner v. Liszt, S. 95 ff.

[3]) Vollkommen verkannt hat den Begriff der Widerrechtlichkeit in einem zweifellosen Falle Cohn bei Gruchot 47, 224. Näheres siehe unten S. 47 f. Anm. 2. — Einer scharfen Trennung zwischen Ausschluß der Widerrechtlichkeit und Fehlen der Fahrlässigkeit entbehrt m. E. die Darstellung bei Crome in DJZ. IX, 1 04 S. 18 ff., s. unten S. 50 Anm. 2.

letzung des Rechtsgutes eines anderen ist, die Rechtswidrigkeit aber auf Grund der Einwilligung wegfällt, und diese Einwilligung aus dem Inhalte des obligatorischen Verhältnisses zu folgern ist.

Bei diesen Handlungen liegt aber auch — eben mit Rücksicht auf die Einwilligung — kein Verstoß gegen den Vertrag vor, auch erwächst wegen dieser Verletzung des Rechtsgutes dem Gläubiger kein Anspruch aus dem Vertrage.

In letzterer Hinsicht unterscheiden sich die besprochenen Fälle von solchen, in denen Einwilligung zu dem Erfolg vorliegt, von einer Rechtswidrigkeit und folgeweise von einem Delikt oder einer Vertragsverletzung nicht die Rede sein kann, und trotzdem — im Falle der Verletzung des Rechtsgutes — dem Gläubiger ein Anspruch aus dem Vertrage zusteht.[1]

Es richtet sich z. B. der Schuldner, der für viele Jahre ein Haus gemietet hat, die Wohnung nach seinem Belieben ein, er schafft neue Türen, mauert vorhandene zu, nimmt ganze Verbindungsmauern heraus, richtet unter großen Zerstörungen einen Teil seines Hauses zu seinem gewerblichen Betrieb ein usw. — Dabei soll durch die Veränderungen der Wert des Hauses ganz erheblich vermindert werden.

Nach Beendigung der Mietzeit ist der Mieter verpflichtet, die Sache in dem früheren Zustande zurückzugeben.

Dennoch wird die Sachlage häufig so gestaltet sein, daß der Vermieter ausdrücklich oder stillschweigend mit allen diesen schadenbringenden Eingriffen einverstanden war, seine Einwilligung aber abhängig machte von der Verpflichtung des Schuldners, Schadensersatz zu leisten.

Oder man denke an den Fall, daß ein Wirt mit den Mitgliedern eines Klubs, die erfahrungsgemäß bei gewissen Gelagen einen beträchtlichen Teil der Gläser zerschlagen, dahin übereinkommt, er vermiete ihnen die Gläser gegen eine für die Benutzung zu entrichtende Vergütung; für jedes am nächsten Tage nicht abgelieferte Glas sei außerdem ein bestimmter Preis — im Dutzend entsprechend weniger — zu zahlen; auch hier wird in der Regel die Einwilligung zur Zerstörung vorliegen.[2]

---

[1] Auf die eigenartige Situation ist m. W. bisher in der Literatur noch nicht aufmerksam gemacht.

[2] Es liegt also trotz des Vorsatzes nicht das Vergehen der Sachbeschädigung vor (§ 303 StGB.), es fehlt das Moment der Widerrechtlichkeit.

Das gleiche wird meistens dann gelten, wenn es sich um die Überlassung des Gebrauchs vertretbarer oder generell bestimmter Sachen handelt.

Verträge solcher Art müssen sorgfältig auf das Moment der Einwilligung geprüft werden; es wird sich dann häufig zeigen, daß, unbeschadet der Ersatzpflicht, die Einwilligung zu dem Erfolge der Handlung, zur Verursachung der Verletzung vorhanden ist. Es ist also dann, mit Rücksicht auf die Vertragsberedung, die Widerrechtlichkeit ausgeschlossen; mangels dieses Tatbestandsmerkmals kann deshalb ein Delikt überhaupt nicht vorliegen, und es fehlt, da nur ein Anspruch (der aus dem Vertrage) entsteht, von vornherein an der Voraussetzung für die Ansprüchekonkurrenz.

Es fragt sich nunmehr, ob diese zweifellos richtige Vorstellung von dem Ausschluß der Widerrechtlichkeit eine noch größere Ausweitung verträgt; muß der Ausschluß der objektiven Widerrechtlichkeit im Sinne des § 823 auch angenommen werden, wenn und insoweit das Vertragsverhältnis schon die Beziehungen zwischen Gläubiger und Schuldner geregelt hat? Kann der Schuldner darauf hinweisen, daß seine Handlung nicht widerrechtlich[1]) sei, „daß die obligatorischen Verpflichtungen seine „Haftung in eigentümlicher Weise charakterisieren und zugleich „begrenzen, und daß man ihm deshalb zu nahe tritt, wenn man „behauptet: seine Handlung wäre ein Delikt, wenn er Nicht„schuldner wäre, also ist sie auch deliktisch, nun, da er Schuldner „ist." [2])

Muß nicht die logische Entwicklung des Gedankens, daß eine Handlung, die ihrem objektiven Tatbestande nach alle Merkmale einer unerlaubten Handlung enthält, mit Rücksicht auf die lediglich aus dem obligatorischen Verhältnis gefolgerte Einwilligung zu einer nichtdeliktischen wird, dahin führen, auch bei Zuwiderhandlungen gegen den Vertrag auf das konkrete Vertragsverhältnis zurückzugreifen: wie sich der Schuldner, dem der Vertrag ein Recht zur Abnutzung und Verschlechterung, ja zur vorsätzlichen Zerstörung der Sache — wenn auch gegen Ersatz — gibt, auf diesen Vertrag berufen kann, so darf er sich mit gleichem Rechte auf ihn berufen, wenn er ihm zuwiderhandelt. Der Ver-

---

[1]) Es wird von Cosack die Widerrechtlichkeit geleugnet, nicht: „ein Delikt, aber Absorption", sondern: „überhaupt kein Delikt". Vgl. oben S. 16 Anm. 2.

[2]) Cosacks Ausführung in seinem Lehrbuch I § 163, I 2c.

trag bildet in gewissem Sinne auch eine charta libertatis; denn sein Inhalt geht nicht bloß dahin, was der Schuldner tun und lassen darf (die zweifellosen Fälle), sondern es ist ebenso genau bestimmt, in welchem Umfange, von welchem Zeitpunkt ab (Fälligkeit), bis wie lange (Verjährung) usw. der Verstoß gegen den Vertrag geahndet werden soll. —

Voraussetzung ist dabei, daß durch den Vertrag die Art des Verstoßens wenigstens als möglich (natürlich stillschweigend) in Rechnung gezogen worden ist, daß sich also der Schuldner bei der Zuwiderhandlung noch gleichsam in der Sphäre seines Vertrages bewegt.[1])

Dieser Anschauung ist prima facie eine Berechtigung nicht abzusprechen. Doch ist sie abzulehnen, denn sie findet im Gesetz keine Stütze.

Der Ausgangspunkt unserer Lehre ist gewesen, daß eine Verletzung der im § 823 I bezeichneten Rechte immer widerrechtlich ist, es sei denn, daß dem Täter ein besonderes Recht, ine Befugnis zu dieser Verletzung einger äumt ist. Wollte der Gesetzgeber mit Rücksicht auf das Vertragsverhältnis diesen Grundsatz durchbrechen, so hätte er es im Gesetz zum Ausdruck bringen müssen. Die Durchbrechung des Prinzips geht aber aus keiner Vorschrift hervor, auch kann sie nicht „in der eigentümlichen Charakterisierung und Begrenzung der Haftung" durch das Schuldverhältnis gefunden werden: nur insoweit aus dem Schuldverhältnis die Einwilligung zur Vornahme der Handlung, zur Verursachung des Erfolges, zu entnehmen ist, fehlt es an der Widerrechtlichkeit. Diese Einwilligung zur Verletzung des Rechtsgutes fehlt aber hier. Der Gläubiger hat trotz seines Anspruches auf Schadensersatz in das Verhalten, in den herbeigeführten Erfolg, keineswegs eingewilligt.[2]) Also ist das Verhalten rechtswidrig.[3])

---

[1]) Auf dieser oder einer ähnlichen Erwägung beruht wohl bei Cosack die Unterscheidung zwischen § 823 I einerseits, §§ 823 II, 826 andererseits. — Vgl. auch unten S. 89 Anm. 1.

[2]) In den auf S. 27 f. besprochenen Fällen ist der Schuldner mit der Verletzung einverstanden, sofern er nur den Ersatz erhält, in den anderen (auf S. 28 f.) mißbilligt er die Verletzung trotz des Ersatzes.

[3]) v. Blume führt in dem jüngst in DJZ. IX, 18 05 erschienenen Aufsatze S. 483 aus, „es läge keine unerlaubte Handlung vor, wenn ein Dienstmädchen beim „Aufwaschen des Geschirrs eine Tasse der Dienstherrschaft zerbreche. Denn die

Als Resultat ergibt sich demnach, daß zwar ein an sich rechtswidriges Verhalten mit Rücksicht auf die aus dem Vertrag entnommene Einwilligung den rechtswidrigen Charakter verlieren kann. Es liegt dann aber auch niemals, selbst wenn eine Schadensersatzpflicht entsteht, ein Verstoß gegen den Vertrag vor.

Ist aber ein Verhalten an sich rechtswidrig und gleichzeitig eine Vertragsverletzung, so bleibt es rechtswidrig; hier kann das Schuldverhältnis das Tatbestandsmerkmal der Rechtswidrigkeit in keiner Weise beeinflussen.

Ist es nun umgekehrt möglich, daß gerade mit Rücksicht auf das Vertragsverhältnis das Merkmal der Widerrechtlichkeit gegeben wird, daß es also erst durch die obligatorische Verpflichtung zur Aufstellung des deliktischen Tatbestands kommt, der Einfluß der Obligation sich in der Richtung äußert, daß er die Widerrechtlichkeit **begründet?**

Es fragt sich zunächst, ob das an sich nicht widerrechtliche negative Verhalten lediglich um der durch die Obligation auferlegten Pflicht willen zu einem positiven Verhalten widerrechtlich im deliktischen Sinne werden kann?

Der Begriff der Widerrechtlichkeit ist für Fälle des negativen Verhaltens, des Unterlassens, schwieriger und verwickelter als für solche des positiven Verhaltens.

Behufs Untersuchung dieses Begriffes bei einem negativen Verhalten sei von folgendem Beispiel ausgegangen: Es werden

---

„Schaden verursachende Handlung sei kein Eingriff in ein fremdes Recht, sie sei „durch das Schuldverhältnis erlaubt." — Damit wird also auch die objektive Rechtswidrigkeit geleugnet. M. E. ist dieser Ansicht v. Blumes nicht zuzustimmen. Denn die Handlung, welche zur Zerstörung des Geschirrs führt, ist — genau betrachtet — durchaus verschieden von der, welche „durch das Schuldverhältnis erlaubt ist": Erlaubt sind nämlich bloß die Handlungen, welche die Reinigung der Sache bewirken, ohne sie zu zerstören. Dagegen muß man eine Handlung, welche die Zerstörung zur Folge hat, als einen Eingriff in fremdes Recht, als die Verletzung des Rechtsguts eines anderen ansehen. Aus dem zwischen der Dienstherrschaft und dem Dienstmädchen bestehenden Vertragsverhältnis darf aber nicht das die Rechtswidrigkeit ausschließende Moment der Einwilligung gefolgert werden. Diesen Inhalt hat der Vertrag unzweifelhaft nicht. — Die Ausführungen O. Chr. Fischers S. 98, „es erscheine durch den Zweck des Vertrages gerechtfertigt", wenn der Mieter, der ein mangelhaftes Werkzeug ungeschickt anwendet, die Tapete beim Einschlagen der Nägel mehr als unbedingt nötig beschädigt, lassen den entscheidenden Gesichtspunkt vermissen (Einwilligung des Vermieters in den Erfolg trotz Ersatzpflicht des Mieters).

die Äcker des Nachbarn verwüstet, weil dessen Schleuse beim Herannahen der Flut nicht geschlossen wurde. Auf diese Unterlassung der Schließung ist die Verwüstung zurückzuführen; die Unterlassung ist nach juristischer Ausdrucksweise kausal für den Erfolg. Denn die gegenteilige Handlung würde die Verwüstung verhindert haben.. Die Verletzung des Rechtsgutes eines anderen ist der Erfolg des Verhaltens eines jeden, der die Schließung unterließ.[1])

Damit ist aber schon deutlich gemacht, daß die für die positiven Handlungen gegebene Definition der objektiven Widerrechtlichkeit bei Unterlassungen dieser Art nicht ausreicht; hinzutreten muß die Pflicht zum Handeln.

Es zeigt sich aber noch eine weitere Eigentümlichkeit gegenüber den positiven Handlungen. Liegt eine durch positive Handlungen verursachte Verletzung vor, so ist es ohne Bedeutung, ob der Schuldner oder irgend ein Dritter der Täter ist.

Diese Tatsache ist geradezu zu einem Charakteristikum des Delikts erhoben: es wird als wesentlich für den Tatbestand der unerlaubten Handlung gefordert „die Verletzung der Normen des allgemeinen Verhaltens",[2]) die Verletzung „allgemeiner, zwischen allen Personen bestehender Rechtsanforderungen".[3]) Nur wo dieses Merkmal zutrifft, liegt eine Widerrechtlichkeit im deliktischen Sinne vor.

Bei positiven Handlungen ist es nun immer gegeben, der Dritte ist dem Schuldner gegenüber nicht etwa privilegiert, bei negativen nur in einer Gruppe von Fällen der Unterlassungsdelikte, nämlich bei den sog. „echten".[4]) Da in diesen Fällen die Pflicht zum Handeln allgemein, jedem auferlegt ist, ist hier ein negatives Verhalten unbedenklich als widerrechtlich im deliktischen Sinne zu charakterisieren.

Die Verletzung einer für alle auferlegten Pflicht und folgeweise eine Widerrechtlichkeit im deliktischen Sinne kann aber nicht anerkannt werden, wenn die Rechtsanforderungen lediglich

---

[1]) Vgl. zum folgenden namentlich auch Zitelmann, Das Recht des BGB. I S. 161 ff.

[2]) Zitelmann, Intern. Privatrecht II, 2 S. 473, vgl. auch S. 472 ff.

[3]) Crome, System II § 324.

[4]) Z. B. §§ 367, 312, 368 Z. 2 StGB. Vgl. v. Liszt, Strafr. § 30 N. 1. Frank, Kommentar S. 11 unter 2, S. 14 VI.

kraft der Obligation dem Schuldner und bloß dem Schuldner obliegen, dergestalt also, daß jedenfalls der Nichtschuldner, der genau das gleiche Verhalten wie der Schuldner zeigt, nicht deliktisch verantwortlich sein kann. Hier ist das negative Verhalten des Schuldners zwar eine Vertragsverletzung und deshalb auch rechtswidrig. Doch kann von einer Rechtswidrigkeit, wie sie der Tatbestand der unerlaubten Handlung erfordert, um deswillen nicht die Rede sein, weil der Schuldner durch sein Verhalten nicht gegen eine allgemeine Norm verstößt, nicht gegen Pflichten, die durch die Vorschriften über unerlaubte Handlungen auferlegt sind.

Immerhin gibt es aber Fälle, in denen auch das negative Verhalten, welches gleichzeitig Obligationsverletzung ist, einen Verstoß gegen die allgemeine Norm enthält: dann liegt also auch das zum deliktischen Tatbestand erforderliche Merkmal der Widerrechtlichkeit vor.

Widerrechtlich ist zunächst das Unterlassen dann, wenn diesem eine positive Handlung vorangegangen ist, welche die Fortsetzung des Tuns als pflichtmäßig fordert.[1]) Denn in solchen Fällen handelt es sich um eine allgemeine, zwischen allen Personen bestehende Rechtsanforderung. Sie zu erfüllen, liegt jedem ob, nicht bloß dem Schuldner. Das Schuldverhältnis war bloß die (zufällige) Veranlassung zu dem vorangegangenen Tun, das Verlangen der Fortsetzung wird unabhängig vom Vertrage gestellt.

Ein negatives Verhalten kann aber auch mit Rücksicht darauf, daß der Schuldner eine besondere Situation geschaffen hat, einen Verstoß gegen eine allgemeine Norm bedeuten; hier ist dann das Unterlassen nicht bloß Vertragsverletzung sondern auch Delikt. Bei der Herbeiführung dieser Situation braucht eine positive Handlung des Schuldners nicht vorangegangen zu sein,[2]) ja es kann der Anteil des Schuldners an der Schaffung dieser Situation lediglich die Übernahme der obligatorischen Verpflichtung sein; dieser Umstand ist dann ausreichend, wenn der Gläubiger selber im Vertrauen auf diese Verpflichtung die Situation herbeiführt. Es verpflichtet sich z. B. jemand, den anderen bei einem gewissen gefährlichen Unternehmen zu unter-

---

[1]) Zitelmann, a. a. O. S. 473.

[2]) Vgl. aber die Anm. 1 auf S. 33.

stützen, läßt ihn aber nachher im Stich: Der Taucher läßt sich zum Meeresgrund hinab, weil die Gefährten ihm versprechen, ihn wieder heraufzuziehen; hier handelt es sich um eine Norm des allgemeinen Verhaltens.[1])

Doch ist hier aufs schärfste hervorzuheben, daß die vertragliche Verpflichtung als solche diese Kraft nicht hat; es wäre m. E. unrichtig, ohne weiteres etwa als Beginn der Handlung die Übernahme der obligatorischen Verpflichtung, als die als pflichtmäßig geforderte Fortsetzung des Tuns die Erfüllung der Obligation anzusehen. Lediglich um des Beginns der Handlung oder um der Schaffung der Situation willen besteht die allgemeine, allen Personen auferlegte Rechtsanforderung, nicht aber schon wegen der obligatorischen Verpflichtung. Denn letztere zu erfüllen ist keine allgemeine Pflicht, „über der einzelnen Obligation schwebt nicht etwa noch die allgemeine Norm: neminem laede"; es ist keine allgemeine Rechtsanforderung, seine obligatorische Verpflichtung zu erfüllen. „Eine allgemeine Norm dieser Art wäre inhaltlos, da sie ja nur hieße: Du sollst das tun, was du tun sollst",[2]) du hast die allgemeine Pflicht, deine Pflicht zu erfüllen.[3])

Der Unterschied, daß lediglich eine obligatorische Verpflichtung besteht oder aber, daß eine besondere Situation geschaffen ist, mag an folgendem Beispiel veranschaulicht werden. X bemerkt den A, der sich vergeblich bemüht, ein in die Grube gefallenes Pferd herauszuziehen; eine Person allein ist dazu nicht imstande. X erbietet sich zu helfen; er fordert einen Taler. Nach Abschluß der Vereinbarung weigert er sich aber (mit dem Bemerken, er wolle zwei Taler haben). Das Pferd kommt in der Grube um. Gegen den X liegt bloß ein Anspruch aus dem Vertrage vor

---

[1]) Man kann vielleicht den Anteil an der Schaffung dieser Situation (unter Umständen also lediglich die Übernahme der obligatorischen Verpflichtung) als diese erste Handlung bezeichnen und demgemäß die allgemeine Norm dahin formulieren: „Setze diese vorangegangene Handlung in bestimmter Weise fort." Damit würden die oben besprochenen Beispiele etwa dem Falle, daß der Arzt aus einem plötzlich gefaßten Entschlusse heraus die schon begonnene Operation abbricht, begrifflich gleichgestellt.

[2]) Zitelmann, a. a. O. S. 472.

[3]) Wer in solchem Gebot einen Sinn findet, übersieht, daß unter der allgemeinen Pflicht auch nur die juristische, nicht etwa eine sittliche verstanden werden darf.

(Schadensersatz wegen Nichterfüllung). Der Deliktsanspruch ist aber ausgeschlossen. Zwar ist, wie man nicht übersehen darf, der Kausalzusammenhang gegeben. Die Unterlassung des X ist unter allen Umständen kausal für den Untergang des Pferdes. Denn hätte er geholfen, so wäre es nicht verendet; es bestand auch eine Pflicht für den X, diesen Erfolg zu verhindern. Was aber am Tatbestand der unerlaubten Handlung fehlt, ist, daß diese Pflicht keine allgemeine, zwischen allen Personen, sondern bloß eine besondere zwischen Gläubiger und Schuldner bestehende Rechtsanforderung ist. Denn es ist ja keine allgemeine Pflicht, seinen obligatorischen Verpflichtungen nachzukommen, ebensowenig wie die, Pferde aus Gruben herauszuziehen. Eine die Fortsetzung heischende Handlung ist nicht vorangegangen, eine Situation, angesichts derer ein negatives Verhalten einen Verstoß gegen eine allgemeine Norm bedeutet, nicht geschaffen.

Die wichtige Konsequenz dieser Auffassung ist, daß, wenn die obligatorische Verpflichtung wegfällt, z. B. wegen Nichtigkeit des Vertrages, X von jeder Haftung frei bleibt.

Ganz anders ist die Entscheidung in dem vorher erwähnten Falle, wo sich der Taucher im Vertrauen auf die von den Gefährten zugesagte Hilfe zum Meeresgrunde hinabläßt. — Unterstellt man hier, daß der auf die Hilfeleistung gerichtete obligatorische Vertrag nichtig ist, so bleibt doch die allgemeine Pflicht der Gefährten davon unberührt, eben weil sie diese Situation geschaffen haben.[1] [2]

---

[1] Die von Zitelmann, a. a. O. S. 473 u. 474 Note 165 gestellte Frage, ob das Verhalten in Fällen, wie z. B. dem, daß die entliehene Sache untergeht, weil der Entleiher Erhaltungsmaßregeln unterließ, die zu treffen er als Entleiher verpflichtet war, rechtswidrig sei, ist nach unserer Regel zu verneinen. Wohl aber wird häufig in Veranlassung des Vertrags eine Situation geschaffen sein, welche ein Tun zur Pflicht macht. Hier handelt es sich dann nicht um eine bloß dem Schuldner durch den Leihvertrag auferlegten Pflicht, sondern um eine allgemeine Rechtsanforderung, die deshalb auch nicht entfällt, wenn sich herausstellt, daß der Leihvertrag von Anfang an als nichtig anzusehen war.

[2] Das Reichsgericht hat das Vorliegen der Rechtswidrigkeit in folgendem, E. Str. 10, 100 abgedruckten Falle angenommen: Es nimmt jemand auf Grund vertragsmäßiger Übereinkunft seine fast blinde Verwandte in seine häusliche Gemeinschaft auf und verpflichtet sich gegen entsprechende Vorteile, deren volle Verpflegung zu übernehmen. Nachher verabsäumt er jedoch diese Verpflegung.

Soweit es sich also um die Verletzung der Norm des allgemeinen Verhaltens handelt, ist auch das Unterlassen rechtswidrig.

Es kann daher unter dieser Voraussetzung ein Verhalten, dessen Erfolg Verletzung eines absoluten Rechts eines anderen oder von Leben, Körper, Gesundheit, Freiheit ist, nicht bloß eine Vertragsverletzung sein, sondern auch eine unerlaubte Handlung im Sinne des § 823 I.

Auch der durch ein negatives Verhalten begangene Verstoß gegen ein Schutzgesetz ist eine unerlaubte Handlung im Sinne des § 823 II, sofern eine Norm des allgemeinen Verhaltens verletzt ist.

Doch muß man sich hier vor einer Verwechslung zwischen einer allgemeinen Norm und einem Schutzgesetz hüten; man darf nicht die Widerrechtlichkeit im deliktischen Sinne lediglich deshalb als vorliegend erachten, weil die Obligationsverletzung

---

mit dem Bewußtsein, dadurch die Verwandte an ihrer Gesundheit zu beschädigen und das Leben derselben zu gefährden.

Der Entscheidung, welche die Strafbarkeit dieser Unterlassung bejaht, ist m. E. zuzustimmen. Doch ist die vom Reichsgericht gegebene Begründung in ihrer allgemeinen Fassung m. E. nicht einwandfrei.

Das Reichsgericht führt nämlich aus, „die Unterlassung sei dann strafbar, wenn durch dieselbe ein rechtsverletzender Erfolg herbeigeführt würde, und wenn in der Unterlassung zugleich die Verletzung einer bestehenden rechtlichen Verpflichtung zum Handeln enthalten sei. — Eine solche Rechtspflicht könne nicht nur eine an sich im Gesetze begründete, sondern auch eine durch Vertrag oder sonstige Willensakte freiwillig übernommene sein. Denn auch eine vertragsmäßig eingegangene Verbindlichkeit begründe eine Rechtspflicht des Kontrahenten, und wenn derselbe durch Nichterfüllung nicht allein seiner Vertragspflicht zuwidergehandelt, sondern zugleich einen das Strafgesetz verletzenden rechtswidrigen Erfolg herbeigeführt habe, so habe er für seine pflichtwidrige Unterlassung und deren Erfolg ihrem ganzen Umfange nach einzustehen und demgemäß nicht nur die etwaigen zivilrechtlichen Folgen des Vertragsbruchs, sondern auch die Verantwortlichkeit für den strafrechtlichen Erfolg zu tragen".

Danach hält also das Reichsgericht schon die Verletzung der Obligation als solcher für ausreichend, um die Rechtswidrigkeit, wie sie das Strafgesetz fordert, zu begründen. (Unter dem das Strafgesetz verletzenden rechtswidrigen Erfolg kann nichts anderes verstanden sein, als eben die bloße Tatsache der Gesundheitsbeschädigung oder der Gefährdung des Lebens eines anderen.)

Wie aus der Ausführung im Text hervorgeht, ist dieser Ansicht nicht zuzustimmen.

gleichzeitig gegen ein öffentlich-rechtliches, namentlich strafrechtliches Gebot verstößt. In solchen Fällen sich stets zur Annahme eines Delikts zu entscheiden, wäre vielleicht aus praktischen Gründen erwünscht, doch steht dieser Lösung eine unüberwindliche Schwierigkeit entgegen. Zwar liegt ein Verstoß gegen ein Schutzgesetz vor; doch fehlt an dem Tatbestand des § 823 II, daß eine Norm des allgemeinen Verhaltens verletzt ist; denn das Gebot kann immer nur so lauten: „Schuldner, verletze deine aus dem Vertrage (z. B. aus dem Heuervertrage) entspringende Verpflichtung nicht". Ob diese Verpflichtung noch besonders durch das Strafgesetz eingeschärft ist, ändert den Inhalt des Gebots nicht.[1])

Endlich ist noch die Frage zu erörtern, ob ein negatives Verhalten, welches gleichzeitig Obligationsverletzung, z. B. Nichterfüllung einer Obligation ist, unter Umständen der Bestimmung des § 826 unterfallen kann.

Lautet z. B. in dem Falle, daß der Schuldner die Erfüllung lediglich deshalb unterläßt oder verzögert, um den Gläubiger zu schädigen, das Gebot: Du hast die allgemeine Pflicht, rechtzeitig zu erfüllen, denn ohne deine Erfüllung entsteht dem anderen Schaden, oder aber, ist gegen die Norm des allgemeinen Verhaltens verstoßen, vorsätzliche unsittliche Schadenszufügung zu unterlassen? — M. E. muß man sich für das letztere entscheiden; die besondere nur von dem Schuldner zu berücksichtigende Norm geht auf die Erfüllung der Obligation, die allgemeine zwischen allen Personen bestehende Rechtsanforderung verbietet nicht die Nichterfüllung, wohl aber den Verstoß gegen die guten Sitten. Das Verhalten des Schuldners geht in der Nichterfüllung der Obligation nicht auf, es bleibt ein Rest.[2])

[1]) a. M. O. Chr. Fischer, S. 92 ff. und Detmold, in der Festgabe für Regelsberger, S. 327, doch auch ohne Begründung. Übrigens ist m. E. unter allen Umständen der Anstifter zum Heuerbruch nach § 823 II verantwortlich. Der Verstoß gegen das Schutzgesetz ist durch §§ 298, 48 StGB. gegeben; der Anstifter verletzt durch seine Handlung auch eine Norm des allgemeinen Verhaltens.

[2]) Man mag an den Fall denken, daß ein Minderjähriger, der in ein Dienstverhältnis getreten ist, den Auftrag hat, Briefe zur Beförderung mit der Post in den Kasten zu werfen. Da erfährt er, daß sein Vormund die Genehmigung zum Dienstvertrag wirksam versagt hat. Er wirft nun die Briefe in den Kasten bis auf einen, dessen verspäteter Eingang, wie er weiß, seinem Dienstherrn einen großen Schaden bringen wird. Er handelt hierbei lediglich aus Rache und Chikane. — M. E. haftet hier der Minderjährige aus den §§ 826 u. 828 II.

Das Gegenstück zu der früheren Untersuchung, welchen Einfluß auf das an sich nicht widerrechtliche negative Verhalten die durch die Obligation auferlegte Pflicht zu einem positiven Verhalten ausübe, ist die Erörterung, ob ein an sich nicht widerrechtliches positives Verhalten lediglich um der durch die Obligation auferlegten Pflicht willen zu einem negativen Verhalten widerrechtlich im deliktischen Sinne werden kann?

Die hier zur Untersuchung gestellten Fälle setzen also voraus, daß einer Partei ein Recht irgendwelcher Art zum positiven Verhalten zusteht, und sie nunmehr eine Obligation eingeht, deren Inhalt auf ein negatives Verhalten gerichtet ist.

Es ist nun zu prüfen, ob ein als Zuwiderhandlung gegen diese Obligation zu charakterisierendes positives Verhalten auch als widerrechtlich im deliktischen Sinne anzusehen ist.

Hier sind zwei Fälle denkbar:

Entweder hat die Obligation die Kraft, das Recht zum positiven Verhalten zu beseitigen; (hier kann also dieses Recht bloß ein obligatorisches sein). Daß dann die Fortsetzung dieses Verhaltens widerrechtlich ist, versteht sich von selber; denn es handelt sich im Moment der Verletzung überhaupt nicht mehr um ein an sich nicht widerrechtliches positives Verhalten.

Oder aber es verbietet die obligatorische Verpflichtung lediglich die Ausübung des Rechts, läßt das Recht selber aber unberührt.

Folgendes Beispiel mag zur Erläuterung dienen: Es verpflichtet sich jemand, dem eine Grunddienstbarkeit an dem Grundstück des anderen zusteht, diese Dienstbarkeit während eines bestimmten Monats nicht auszuüben. Ungeachtet dieser (durch die Obligation auferlegten) Pflicht (zu einem negativen Verhalten) fährt er über den Acker und richtet dabei Schaden an. — Denkt man sich nun die Obligation weg, so liegt weder ein Verstoß gegen den Vertrag noch eine unerlaubte Handlung vor.

Mit Rücksicht auf die Obligation ist aber dieses Verhalten als Vertragsverletzung zu charakterisieren, eben weil die Obligation ein negatives Verhalten gebietet. Die Frage ist nun: Ist diese Zuwiderhandlung auch rechtswidrig im deliktischen Sinne?

Diese Frage ist m. E. zu verneinen.

Denn von einer solchen Rechtswidrigkeit kann, wie oben

S. 31 ausgeführt ist, nur dann die Rede sein, wenn das Verhalten des Schuldners als die Verletzung einer Norm des allgemeinen Verhaltens, als ein Verstoß gegen eine von jedermann zu respektierende Rechtsanforderung zu charakterisieren ist.

Die Obligation kann aber grundsätzlich lediglich Beziehungen zwischen dem Gläubiger und dem Schuldner herstellen, niemals aber eine Norm des allgemeinen Verhaltens auferlegen.

Für die Ansicht, daß hier nun dieser Grundsatz durchbrochen wäre, spricht auch nicht folgende Erwägung. Es sei doch ursprünglich an alle die Rechtsanforderung gestellt, sich jeglichen Eingriffs in das Grundstück des Eigentümers zu enthalten, nunmehr sei infolge der Bestellung der Servitut gerade der Schuldner dieser Pflicht überhoben, doch schließlich wiederum auch ihm gegenüber durch die Obligation das ursprüngliche allgemeine Gebot zur Geltung gebracht worden.

Bei dieser Argumentation übersieht man, daß das Gebot damit, daß es auch ihm gegenüber gilt, noch nicht zu einer allgemeinen Norm auch für ihn wird. — Ihn bindet nur die Obligation, d. h. eine persönliche, nur ihm, nicht allen auferlegte Rechtspflicht.

So bleibt auch sein (dingliches) Recht zum positiven Handeln als solches von der Obligation unberührt; sie hebt nicht die durch die Bestellung der Servitut herbeigeführte Beschränkung des Eigentums auf: das aus Wesen und Inhalt des Eigentums folgende allgemeine Störungsverbot gilt trotz der Obligation für den Servitutberechtigten als solchen nicht. Solange er sich daher in den Grenzen seines dinglichen Rechts hält, ist das Eigentum — eben weil es beschränkt ist — überhaupt unverletzbar.[1])

Man kann, entsprechend unseren früheren Ausführungen,[2]) sagen, mit der Bestellung der Servitut ist die Einwilligung in die Verletzung gegeben. Würde nun aus dem Inhalt der Obligation eine wirksame Zurücknahme der Einwilligung zu folgern sein, so wäre freilich die weitere Ausübung der Servitut ein Delikt.

Solche Kraft fehlt aber der Obligation. — Als wirksame

[1]) Ob unter Umständen das die Obligation verletzende Verhalten des Servitutberechtigten auch als rechtswidrig im deliktischen Sinne zu charakterisieren ist, weil durch die Obligation eine Situation geschaffen ist, angesichts derer die Ausübung der Dienstbarkeit einen Verstoß gegen eine allgemeine Norm bedeutet, darüber vgl. die Ausführungen oben auf S. 32 ff.

[2]) Vgl. oben S. 26 ff.

Zurücknahme der Einwilligung ist vielmehr erst der Akt anzusehen, durch den das Recht selber aufgehoben wird, also die Löschung der Servitut im Grundbuche

Daß aber dann — nach der Beseitigung des Rechts — weitere Handlungen selbstverständlich rechtswidrig sind, darauf ist schon vorher [1]) hingewiesen.

Das Ergebnis ist also, daß durch die Obligation eine Widerrechtlichkeit, wie sie der Tatbestand der unerlaubten Handlung fordert, nicht begründet werden kann. Weder ein an sich nicht widerrechtliches positives noch ein negatives Verhalten wird um der Tatsache willen, daß es eine Vertragsverletzung enthält, widerrechtlich im deliktischen Sinne.

Soweit nun die Rechtswidrigkeit fehlt, liegt auch kein Delikt vor. Für diese Fälle scheidet daher die Frage nach der Ansprüchekonkurrenz aus.

§ 5.

Endlich ist noch der Einfluß des Vertragsverhältnisses auf das **Verschulden** zu untersuchen. Wenn mit Rücksicht auf die Vertragsberedung die vertragliche Haftung für Verschulden beschränkt ist, ja diese Haftung überhaupt fehlt, so erhebt sich die Frage, ob dann diese Haftungsbeschränkung auch einen Einfluß auf den Tatbestand des Delikts ausüben kann.

Die Frage kommt allerdings nicht unmittelbar für die Ansprüchekonkurrenz in Betracht; denn es bleibt, da in Fällen dieser Art nach dem Vertrag nicht gehaftet wird, höchstens ein einziger Anspruch, nämlich der deliktische, übrig.

Immerhin wird in der Literatur über die Ansprüchekonkurrenz auch auf diese Frage nach dem Einfluß der vertraglichen Haftungsbeschränkung auf das Delikt eingegangen, um das gewonnene Ergebnis als ein Argument verwerten zu können.

So wird z. B. von der einen Seite [2]) behauptet, der für das Delikt erforderliche Grad des Verschuldens bleibe von dem Vertragsverhältnisse unberührt; es entständen also, sofern man die Konkurrenz zuließe, in Fällen, wo der Verschuldensgrad für Ver-

---

[1]) Vgl. oben S. 37.

[2]) So Hellwig, Lehrbuch S. 268 N. 69 gegen v. Liszt, Deliktsobl. S. 13 ff.; Cosack, Lehrb. I § 163, I Nr. 2 c.

trag und Delikt verschieden bestimmt sei, unlösbare Widersprüche. Es müsse daher der deliktische Anspruch wegfallen.

Andere Schriftsteller suchen diese Widersprüche dadurch zu vermeiden, daß sie der vertraglichen Haftungsbeschränkung einen Einfluß auf das Delikt einräumen, für den deliktischen Tatbestand den gleichen Grad des Verschuldens fordern wie für den vertraglichen.

Es soll in erster Linie der Einfluß des obligatorischen Verhältnisses auf den **Grad** des Verschuldens untersucht werden und zwar zunächst für den Fall, daß

die Haftung des Schuldners aus dem Vertrage kraft Gesetzes beschränkt ist.

Es hat z. B. der Verwahrer, der die Aufbewahrung der Sache unentgeltlich übernommen hat (§ 690) nur für diejenige Sorgfalt einzustehen, welche er in eigenen Angelegenheiten anzuwenden pflegt,[1]) der Verleiher (§ 599), der Schenker einer Sache (§ 521), insbesondere aber auch der Schuldner während des Verzugs des Gläubigers (§ 300) bloß Vorsatz und grobe Fahrlässigkeit zu vertreten.[2])

In solchen Fällen taucht die Frage auf, ob sich der Schuldner, der wegen eines nur levi culpa begangenen Delikts in Anspruch genommen wird, darauf berufen kann, daß er auch deliktisch bloß für Vorsatz und grobe Fahrlässigkeit hafte.

Diese Frage wird von einigen Schriftstellern bejaht und zur Begründung angeführt, der Deliktsanspruch sei auf Vorsatz und grobe Fahrlässigkeit[3]) „eingeschränkt".[4])

Das kann heißen: bei leichter Fahrlässigkeit sind in solchen Fällen die gesetzlichen Tatbestandsmerkmale einer unerlaubten Handlung im Sinne des § 823 I nicht gegeben.[5])

---

[1]) Vgl. ferner §§ 708, 1359, 1664, 2131.

[2]) Vgl. ferner §§ 680, 968.

[3]) bzw. diligentia quam suis.

[4]) So z. B. v. Liszt, S. 13ff. Die auf den Grad des Verschuldens bezüglichen Untersuchungen zeigen besonders, wie wenig Klarheit herrscht in der Unterscheidung zwischen dem gesetzlichen Tatbestande der unerlaubten Handlung, zwischen dem diesem Tatbestande entsprechenden reellen Anspruch und zwischen dem virtuellen Anspruch.

[5]) Vgl. v. Liszt, S. 12 u. 13: „Jede Verletzung, die den Tatbestand des Delikts darstellt, erzeugt den Deliktsanspruch." Liegt also, muß man folgern der Deliktsanspruch nicht vor, so fehlt es an dem Tatbestande der unerlaubten

Mit dieser Auslegung setzt man sich aber in Widerspruch mit dem Wortlaut des § 823 I. Es heißt hier: wer vorsätzlich oder fahrlässig . . .; es ist also hinsichtlich des Grades der Fahrlässigkeit kein Unterschied gemacht. Leichte Fahrlässigkeit ist vielmehr der groben gleichgestellt. Hieraus folgt, daß auch die leichte Fahrlässigkeit in gleicher Weise wie die grobe den Deliktsanspruch erzeugt.

Eine Ausnahme von dieser Regel läßt sich nur denken, wenn man an den durch das Gesetz festgelegten Tatbestand des § 823 I neue Bestimmungen anschließt, die also lauten: Wer — unter gewissen Umständen — vorsätzlich oder grob fahrlässig oder unter Außerachtlassung derjenigen Sorgfalt, welche er in eigenen Angelegenheiten anzuwenden pflegt, . . . das Eigentum . . . verletzt.

Diese Bestimmungen würden, da, wie oben hervorgehoben, § 823 I hinsichtlich des Grades der Fahrlässigkeit keinen Unterschied kennt, diesen Paragraphen keineswegs bloß ergänzen; sie würden sich vielmehr in direkten Gegensatz zu seinem Inhalt stellen.

Aus diesem Grunde müßten diese neuen Normen, sofern sie im BGB. nicht ausdrücklich ausgesprochen sind, wenigstens im Wege einer zwingenden Analogie zu schaffen sein; es müßte sich vor allem der Satz, dem die neuen Bestimmungen analog sein sollen, unter den Vorschriften über unerlaubte Handlungen befinden. Denn es verbietet sich m. E., in den übrigen Titeln der einzelnen Schuldverhältnisse, also insbesondere in den §§ 599, 521 usw. diesen zur Analogie zu verwendenden Satz zu suchen; diese Titel enthalten nicht den allgemeineren Gesichtspunkt, dem sich die Vorschriften über unerlaubte Handlungen unterzuordnen hätten. Der 25. Titel hat vielmehr eine selbständige und in sich abgeschlossene Bedeutung. Es können daher die in den einzelnen Schuldverhältnissen enthaltenen Sonderbestimmungen nicht die

---

Handlung. — Dieser Konsequenz widerspricht es allerdings, wenn v. Liszt, S. 14, fortfährt: „Man kann sagen, daß in allen diesen Fällen die lex specialis der allgemeinen Vorschrift in § 823 I vorgeht." Danach würde also der Deliktstatbestand, der Deliktsanspruch gegeben (nicht eingeschränkt) sein, aber als ein virtueller. — Vergebens sucht man nach einer ausreichenden Begründung, warum gerade in diesen Fällen der Deliktsanspruch eingeschränkt sein soll. Näheres vgl. oben S. 16 Anm. 2 u. unten S. 63 ff. Gegen v. Liszt auch O. Chr. Fischer, S. 115 f. u. Golde, S. 404 f.

Kraft haben, im Wege der Analogie Recht zu schaffen, das in direkten Gegensatz zu dem Inhalte der Vorschriften über unerlaubte Handlungen tritt.

Von anderen Schriftstellern wird der Akzent darauf gelegt, ein Delikt liege vor, die Tatbestandsmerkmale einer actio ex delicto seien gegeben, doch die Rechtsfolgen fehlten. „In der gesetzlichen Einschränkung der Haftung erblickt man einen Verzicht auf die Haftung für den dem Schädiger zur Last fallenden Grad von culpa und findet diesen Verzicht darin, daß der Geschädigte die gesetzlichen Bestimmungen, gemäß denen bloß für dolus und culpa lata gehaftet wird, hat Platz greifen lassen." [1])

Das Gesetz sei hier ergänzende Norm für den Willen der Parteien. —

Diese Konstruktion eines Verzichts wird künstlich geschaffen. Nicht im Gesetze hat die ganze Argumentation ihre Basis.

Denn zunächst handelt es sich auch bei den Schuldverhältnissen aus Verträgen gar nicht um einen Verzicht des Gläubigers auf die Haftung für geringeres Verschulden, einen Verzicht auf Rechtsfolgen, wenn kraft Gesetzes der Schuldner nur einen höheren Grad von Fahrlässigkeit zu vertreten hat; es kommt vielmehr in solchen Fällen ein Anspruch aus der Obligation überhaupt nicht zur Entstehung; denn es fehlt an einem zur Erzeugung des Anspruchs erforderlichen Merkmal des Tatbestandes (dem erforderlichen Grad des Verschuldens).

Es entbehrt ferner der Berechtigung, diesen an sich verfehlten Gedanken des Verzichts im Deliktsrecht zu verwerten. Man könnte mit solcher Methode das ganze Deliktsrecht (wie überhaupt jedes Rechtsinstitut) umgestalten und in beliebige Abhängigkeit von dem obligatorischen Verhältnis bringen, indem man die für das Deliktsrecht festgesetzten Konsequenzen verneint (verzichtet!) und die ihm fehlenden Normen schafft (dann läßt der Schädiger für ihn ungünstige Bestimmungen des Obligationenrechts Platz greifen).

---

[1]) Vgl. Pernice, Sachbeschädigungen S. 84 ff.; Isay, Geschäftsführung S. 401; Neumann, Handausgabe z. BGB., Vorbem. z. §§ 823 ff. F. II; Stipanski, S. 47; Behrend, S. 37.

Worauf soll sich in unserem Falle der Verzicht des Gläubigers beziehen, welchen Inhalt soll er haben? Soll das deliktische Verschulden nach jeder Richtung hin vom vertraglichen abhängen, von ihm begrenzt sein? Kann der Schuldner, nachdem er z. B. den Gläubiger in Annahmeverzug gesetzt hat, nun in der Auswahl seines Angestellten, dessen er sich zur Erfüllung bedient, fahrlässig sein, ist nun die Schadensersatzpflicht von dem Nachweis groben Verschuldens des Angestellten abhängig? Letztere Konsequenz verbietet sich schon deshalb, weil es für die deliktische Haftung auf ein Verschulden des Angestellten überhaupt nicht ankommt, — und doch würde der Schuldner, wenn sich — auf Grund des Verzichts — die Rechtsfolge, soweit Verschulden in Betracht kommt, nach dem Vertrage bestimmen soll, für seinen Angestellten nicht haften.

Und wie, wenn die Parteien ausdrücklich vereinbaren, daß die für das Vertragsverhältnis besonders vorgesehenen Bestimmungen nicht auch auf das Delikt auszudehnen seien? Dann wäre eine deliktische Haftung durch den Vertrag geschaffen!

Zur Begründung der Ansicht, daß im Falle einer für den Vertrag gegebenen Beschränkung der Haftung auf einen höheren Grad des Verschuldens auch für einen deliktischen Tatbestand dieser höhere Grad erforderlich sei, wird in der Literatur auf die Rechtsfolgen, die praktischen Ergebnisse hingewiesen. [1]) Es scheitere die entgegengesetzte Auffassung, der zufolge für den Tatbestand einer unerlaubten Handlung im Sinne des § 823 I unter allen Umständen schon leichte Fahrlässigkeit ausreichend sei, daran, daß die charakteristischen Unterschiede der Haftung, die durch das BGB. gerade für diese besonderen Schuldverhältnisse geschaffen seien, illusorisch würden; [2]) es sei geradezu widersinnig, daß der Schuldner, dessen Haftung kraft einer ausdrücklichen Vorschrift entfallen solle, doch auf dem Umwege über das Delikt verantwortlich sei; es laufe die das vertragliche Verhältnis der Parteien regelnde Bestimmung auf einen „bedeutungslosen Monolog" hinaus.[3])

Hiergegen ist nun zunächst zu bemerken, daß nicht bloß bei

---

[1]) [2]) Vgl. Wrzeszinski, S. 44 ff.; v. Liszt, Deliktsobl. S. 13 ff.

[3]) Vgl. Wrzeszinski, S. 45 Nr. 126.

der Verschiedenheit der Haftung für Verschulden die praktischen Ergebnisse voneinander abweichen. Sie sind überhaupt in sehr vielen Beziehungen verschieden.[1]) Insoweit ist immer die für den Vertrag getroffene Regelung unanwendbar, ein „bedeutungsloser Monolog".

Beispielsweise sei nur angeführt, daß die Ansprüche des Vermieters gemäß § 558 schon in 6 Monaten, die entsprechenden Ansprüche aus dem Delikte in 3 oder gar 30 Jahren (§ 852) verjähren.

Es steht ferner dem Käufer einer Sache, der zur Zeit des Kaufes über einen Mangel derselben arglistig getäuscht ist, nach der in Kenntnis des Mangels erfolgten Annahme der Anspruch auf Schadensersatz aus dem Kaufvertrage nicht mehr zu, wenn er sich seine Rechte wegen des Mangels der Sache bei der Annahme nicht vorbehält. Damit ist aber der Deliktsanspruch nicht ohne weiteres ausgeschlossen.[2]) — In § 847 ist für den Schaden, der nicht Vermögensschaden ist, eine billige Entschädigung in Geld gewährt, nach dem Vertrag ist immaterieller Schaden nicht zu ersetzen. Vgl. §§ 618 III und 253; es kann ferner der Zeitpunkt verschieden sein, von dem ab Zinsen des wegen Beschädigung einer Sache zu ersetzenden Betrags gefordert werden dürfen, je nachdem der Vertrags- oder der Deliktsanspruch geltend gemacht ist. Auch an den Unterschied der Deliktshaftung und der Haftung aus § 347 mag erinnert sein usw.

Das Eigentümliche der ganzen Lehre ist also, daß die Rechtsfolgen verschieden bestimmt sind, daß ein und derselbe Tatbestand eine Rechtsfolge nach Deliktsrecht und unabhängig davon, nach Inhalt und Umfang verschieden, eine Rechtsfolge nach Vertragsrecht erzeugt.

Erscheinen solche Resultate unerträglich,[3]) so mag man mit Rücksicht auf den Vertrag den Deliktsanspruch vollends „einschränken", den „Verzicht" auf sämtliche Folgen der Delikts-

[1]) Vgl. O. Chr. Fischer, S. 110ff. und Golde, S. 401ff.

[2]) Vgl. unten S. 63 Anm. 2.

[3]) Dem Reichsgericht Entsch. 59, 106 erscheint es auch unerträglich, daß der Käufer es in der Hand hat, durch die Wahl der Klage aus unerlaubter Handlung statt der Kaufklage dem Verkäufer den Einwand des § 464 BGB. abzuschneiden und versagt demgemäß hier die Deliktsklage. Vgl. die vorhergehende Anm.

haftung ausdehnen, nicht aber bloß für das Verschulden diese Ausnahme machen.[1])

Selbst wenn es zutreffend wäre, daß hier, im Falle des Verschuldens, das praktische Ergebnis besonders unbillig und widersinnig sei, so dürfte diese Ausnahme damit doch wohl kaum ohne weiteres gerechtfertigt sein.

Die Verschiedenheit der Haftung aus dem Vertrage und aus dem Delikt ist bei näherer Untersuchung überhaupt gar nicht so widersinnig.[2])

Auf die mit Rücksicht auf den Vertrag ermäßigte Haftung beruft sich der Schuldner bei dem Verzug, der Unmöglichkeit der Erfüllung, der Haftung für das Verschulden des Erfüllungsgehilfen (§ 278) sowie überhaupt dann, wenn die Interessenverletzung, für die kraft des Schuldverhältnisses in der Regel einzustehen wäre, nicht auf eine Handlung des Schuldners (sondern auf die Handlung eines Dritten oder ein äußeres Ereignis) zurückzuführen ist.

Hier kommt also die feine charakteristische Abtönung, die das Gesetz gerade für dieses besondere Schuldverhältnis geschaffen hat, voll zur Geltung.

Begeht dagegen der Schuldner ein Delikt, indem er selber gegen eine allgemeine, nicht nur ihm, sondern jedermann obliegende Norm verstößt, so braucht m. E. um des Schuldverhältnisses willen sein Verhalten keine andere rechtliche Beurteilung zu erfahren.

Es entspricht m. E. durchaus dem Rechtsgefühle, daß derjenige, welcher fahrlässigerweise einem anderen eine schadenstiftende Sache zuschiebt und dadurch z. B. eine Körperverletzung des anderen verursacht, unter allen Umständen verantwortlich ist, mag der Schuldner nun als Schenker oder etwa als Verkäufer auftreten.[3])

---

[1]) Es besteht freilich der Unterschied, daß bei dem Verschulden schon die deliktischen und vertraglichen gesetzlichen Tatbestände voneinander abweichen, während in den übrigen Fällen bei gleichen gesetzlichen Tatbeständen die Rechtsfolgen verschieden bestimmt sind. Doch sind um dieses Unterschiedes willen die praktischen Ergebnisse nicht erträglicher.

[2]) Darauf weist auch Golde, S. 407 ff., hin.

[3]) Vgl. Crome, System II § 324 N. 32; Dernburg II, 1 § 64 II b; Enneccerus § 358 unter II, insbes. Nr. 3 am Ende, und vor allem Kipp in DJZ. VIII, 11, 03

Die Tatsache, daß er schenken will, befreit ihn nicht von der im Verkehr erforderlichen Sorgfalt; er versetzt sich damit nicht in die glückliche Lage, leichtes Verschulden überhaupt nicht vertreten zu brauchen; dies geht schon daraus hervor, daß nach § 307 die Haftung für den Vertrauensschaden nicht etwa entfällt, wenn der Schuldner die Unmöglichkeit der versprochenen Leistung infolge leichter Fahrlässigkeit nicht kennt.

Endlich mag daran erinnert werden, daß sich im Sächsischen Bürgerlichen Gesetzbuch kraft ausdrücklicher Vorschrift die Beschränkung der Haftung im Vertragsverhältnisse gar nicht auf deliktische Handlungen bezieht. § 1488 bestimmt nämlich: „Steht der Beschädiger mit dem Beschädigten in einem Vertragsverhältnisse, welches ihn zur Haftung wegen Absicht und grober Fahrlässigkeit verpflichtet, so befreit ihn dies nicht von der Verpflichtung, zum Ersatz des aus einer geringen Fahrlässigkeit durch widerrechtliche Handlung verursachten Schadens."

Auch diese Bestimmung zeigt, daß das von uns gewonnene Resultat nicht widersinnig ist. — Es bleibt die gesetzliche für das Schuldverhältnis gegebene Haftungsbeschränkung ohne Einfluß auf die unerlaubte Handlung.

Einer wesentlich anderen Beurteilung unterliegt die Frage, ob eine für das obligatorische Verhältnis durch besondere Vertragsberedung vereinbarte Ermäßigung der Haftung auch für das Delikt gilt.

Bei dem obligatorischen Verhältnis handelt es sich dann um einen im voraus vereinbarten Erlaß der Haftung.

Es ist m. E. unbedenklich, einen solchen „Erlaß im voraus" auch bei unerlaubten Handlungen für zulässig zu halten.

Freilich findet die auf Erlaß bezügliche Verabredung eine doppelte Begrenzung.

S. 256: „Man kann denjenigen, der unentgeltlich eine Sache zur Verwahrung angenommen hat und deshalb nach § 690 nur für diejenige Sorgfalt haftet, die er in eigenen Angelegenheiten aufzuwenden pflegt, nicht nach den Grundsätzen der unerlaubten Handlungen für jede Fahrlässigkeit einstehen lassen." Dagegen will Kipp sich dazu entschließen, „im Falle der Schenkung und der Leihe trotz der §§ 521, 598, 599 denjenigen, der in leichter Fahrlässigkeit dem Beschenkten, dem Entleiher eine schadenstiftende Sache zuschiebt, für den Schaden haften zu lassen, soweit es sich um eine Verletzung der durch § 823 geschützten Güter handelt". — M. E. trifft die Unterscheidung zwischen diesen beiden Gruppen von Fällen durchaus das Richtige, dem Rechtsgefühl Entsprechende. Vgl. auch unten S. 93f.

Die eine ist durch die Bestimmung des § 276 II gegeben (kein Erlaß der Haftung im voraus wegen Vorsatzes), die andere durch § 138 (der den guten Sitten zuwiderlaufende Erlaßvertrag [1]) ist nichtig).

Doch ist es m. E. verkehrt, den Erlaß der Folgen eines Delikts vor seiner Begehung ohne weiteres als den guten Sitten zuwiderlaufend anzusehen; ein Vertrag, der unter gewissen Umständen die beim Verstoß gegen ein Schutzgesetz eintretende Haftung im voraus erläßt, wird häufig nicht unter die Bestimmung des § 138 fallen; aber auch in Fällen des § 823 I braucht der Erlaß im voraus keineswegs stets gegen die guten Sitten zu sein.[2])

---

[1]) Der Erlaßvertrag bezieht sich nicht bloß auf den Grad des Verschuldens; er kann sich auch auf Rechtsfolgen beziehen (Umfang der Ersatzpflicht, Verjährung usw.).

[2]) a. M. Endemann, § 200 N. 13 a. E. und § 168 N. 19, O. Chr. Fischer, S. 119.

Rehbein I, 185: „Der Verzicht auf Rechte aus künftigen unerlaubten Handlungen fällt, wie das ausdrücklich verbotene pactum de non praestando dolo, unter § 138, weil es gegen das öffentliche Interesse ebenso wie gegen das sittliche Gefühl verstößt, sich die Freiheit unerlaubter Handlungen zu sichern". — M. E. widerspricht die Ansicht Rehbeins dem argumentum e contrario des dem § 276 II analogen Rechtssatzes.

Cohn in Gruchots Beitr. 47, 224, läßt nur beim Verstoß gegen ein Schutzgesetz die Möglichkeit eines solchen Erlaßvertrages zu. Seinen Ausführungen hierüber vermag ich nicht beizutreten: „Der Erlaß der zivilrechtlichen Folgen einer unerlaubten Handlung vor ihrer Begehung verstößt gegen unser sittliches Empfinden und ist gemäß § 138 BGB. nichtig. Nach den ausdrücklichen Bestimmungen der §§ 861, 862 BGB. (Besitzentziehung und Besitzstörung durch verbotene Eigenmacht) erwachsen dem Verletzten „Ansprüche", jene Normen sind Schutzgesetze im Sinne des § 823 II und begründen unter der dort gegebenen Voraussetzung den Schadensersatzanspruch aus einer unerlaubten Handlung. Trotzdem wird nicht zu zweifeln sein, daß die Ansprüche aus den §§ 861, 862 vor Begehung der Besitzentsetzung oder der Besitzstörung erlassen werden können. Die Vereinbarung hat den Sinn, gewisse Eingriffe in das Besitzrecht von vornherein zu dulden. Alsdann kann selbstverständlich von der Anwendung des § 823 II nicht die Rede sein, weil der Handelnde gegen ein Schutzgesetz nicht mehr verstoßen hat. Ein eigentlicher Erlaßvertrag liegt nicht vor.

Daß die Vertretung der Folgen einer unerlaubten Handlung vor ihrer Begehung nicht erlassen werden kann, bedarf im Anschluß hieran einer weiteren Einschränkung. Der Verstoß gegen ein Schutzgesetz gilt als unerlaubte Handlung, wenn er verschuldet ist. Trotzdem wird nicht . . . . eine Vereinbarung, daß etwaige Verstöße Schuldverhältnisse nicht begründen, oder daß die so begründete Schuld erlassen sein solle, eine Unsittlichkeit enthalten." —

Dieses Ergebnis schließt aber keineswegs die Lösung der Frage in sich, ob innerhalb der soeben festgelegten Grenzen nun auch ein Erlaß der Haftung auf dem Gebiete des Deliktsrechts anzunehmen ist, wenn für das obligatorische Verhältnis ein solcher Erlaß vereinbart wurde. Das ist eine Frage für sich.

M. E. läßt sich eine bestimmte Entscheidung nicht finden, sondern es ist von Fall zu Fall im Wege der Auslegung der Wille der Parteien in der Richtung zu ermitteln, ob sich der Erlaß der Haftung auch auf das Delikt miterstrecken soll.[1])

Jedenfalls darf einer den Grad der Haftung normierenden Bestimmung der Parteien lediglich ihres Inhaltes willen (weil sie gerade den Grad der Haftung zum Gegenstand hat) kein stärkerer Einfluß auf das Deliktsrecht eingeräumt werden als sonstigen Vereinbarungen, die sich möglicherweise auch auf die Ansprüche aus unerlaubten Handlungen beziehen sollen, z. B. wenn für die aus einem bestimmten Vertragsverhältnis auch in Zukunft zur Entstehung gelangenden Ansprüche die Verjährungsfrist erleichtert, der Umfang der Schadensersatzpflicht begrenzt ist, erhebt sich die gleiche Frage, ob diese Erleichterung, diese Begrenzung auch den deliktischen Ansprüchen [2]) zugute kommen soll.

M. E. haben die im 1. u. 2. Absatz behandelten Fälle überhaupt gar nichts miteinander zu tun. Es sind die Ansprüche aus §§ 861, 862 nicht vor der Begehung erlassen; es liegt überhaupt keine verbotene Eigenmacht vor; denn der Besitz ist nicht ohne den Willen des Besitzers entzogen oder gestört; denn „die Vereinbarung hatte doch den Sinn, gewisse Eingriffe in das Besitzrecht von vornherein zu dulden".

Infolgedessen war die Handlung (infolge Einwilligung) nicht widerrechtlich, nicht verbotene Eigenmacht (§ 858). Deshalb kann von einem Anspruch überhaupt keine Rede sein. — Etwas davon gänzlich Verschiedenes ist Erlaß der Haftung; hier werden die Eingriffe in das Recht keineswegs von vornherein geduldet; die Handlung bleibt daher widerrechtlich, die Haftung kann nur erlassen sein, die Rechtsfolgen können nicht geltend gemacht werden.

[1]) So Crome II § 324 N. 32 a. E.

[2]) Natürlich immer innerhalb der durch die §§ 138 u. 276 II gezogenen Grenzen; z. B. würde ohne Zweifel eine Vereinbarung im voraus seitens der Gesellschaft mit dem Kassierer, dahin, daß im Falle der Unterschlagung der Anspruch aus dem Delikt in zwei bzw. zwanzig statt drei bzw. dreißig Jahren verjähren solle, gegen die guten Sitten und demnach nichtig sein. — Vgl. auch die Entsch. d. ROHG. Bd. 15, S. 87: Auch im Falle des Verschuldens der Eisenbahngesellschaft kann wegen des Verlustes oder der Beschädigung von Frachtgut kraft Vertrages nur ein Anspruch auf die tarifmäßigen Normalsätze, nicht auf Er-

In allen diesen Fällen ist m. E. im Zweifel der Erlaß der Haftung als lediglich für das obligatorische Verhältnis vereinbart anzusehen, und das gilt, wie gesagt, insbesondere auch für den Erlaß der Haftung wegen Fahrlässigkeit. Es handelt sich um eine im Zweifel zu verneinende Auslegungsfrage.

Aber in einer ganz anderen Richtung, die mit der im vorigen gekennzeichneten nicht verwechselt werden darf, kann das obligatorische Verhältnis auf das Verschulden von Einfluß sein. Während es sich dort um Erlaß der Haftung für einen gewissen Grad des Verschuldens handelte, ist im folgenden auf die Erscheinung hinzuweisen, daß das Tatbestandsmerkmal des Verschuldens mit Rücksicht auf das Schuldverhältnis vollkommen wegfallen kann. Der Schuldner läßt zwar eine gewisse Sorgfalt außer acht; aber die tatsächlich aufgewandte bleibt hinter der im Verkehr erforderten nicht zurück; deshalb ist er nicht „fahrlässig". [1]) Das Eigentümliche ist nun, daß oft die Vertragsberedung einen Maßstab dafür abgeben kann, was in dem einzelnen Falle der Verkehr erfordert. Auch der „Mustermensch"[2]) braucht sich nicht in jeder Situation gleichmäßig sorgfältig zu benehmen; auch für ihn ist das aufzuwendende Maß an Sorgfalt zu bestimmen nach den konkreten Umständen, der Rücksicht auf die Eigenart der Situation, den Beziehungen der Menschen in diesem besonders gearteten Falle. Als Erkenntnisquelle für eine solche Situation sind nun in erster Linie die Vereinbarungen der Parteien von Bedeutung; die ganze Sachlage kann auf die Vertragsberedung zurückzuführen sein. [3]) Es liegt dann über-

---

satz des vollen Schadens begründet sein. Hier liegt also Erlaß im voraus für den einen gewissen Umfang überschreitenden Schaden vor. Dieser Vertrag kann aber die Gesellschaft niemals bei „böslicher" Handlungsweise, wenn sie z. B. Diebstähle von Frachtstücken im voraus gutheißt oder absichtlich erleichtert, der Pflicht zum vollen Schadensersatz überheben: ein dahingehender Erlaßvertrag wäre eben auch gegen die guten Sitten.

[1]) Vgl. Crome, System I, § 109 Z. 3 bes. N. 22 ff. sowie System II, § 325 N. 9.

[2]) Vgl. Zitelmann, d. R. d. BGB. I, S. 158.

[3]) Z. B. es ist dem Mieter ein höchst gefahrbringender Gebrauch der Sache gestattet. Vgl. Hellwig, Anspruch u. Klagrecht S. 93 N. 13 a. E.; weitere Beispiele bei Crome, DJZ. IX, 1, 04, S. 19 oben; ferner Dernburg, 3. Aufl. § 64 II, 3 a: „Eine Eisenbahnverwaltung übersendet ihrem Reglement entsprechend Waren in offenen Waggons, so daß sie durch die Funken der Lokomotive in Brand ge-

haupt kein Delikt vor, weil die Handlung nicht „fahrlässig" im Sinne des Gesetzes ist. In dieser Beschränkung kann also von einem Einfluß des obligatorischen Verhältnisses auf das für das Delikt erforderliche Merkmal des Verschuldens die Rede sein; denn wäre durch die Parteiberedung eine andere konkrete Sachlage geschaffen, so könnte unter Umständen das gleiche Verhalten des Schuldners die im Verkehr erforderliche Sorgfalt verletzen, der Schuldner fahrlässig sein.

Dabei muß man sich freilich davor hüten, das in § 276 für das Verschulden ausgesprochene Prinzip des objektiven Maßstabes zu verkennen, im konkreten Falle zu vergessen, daß es ein anderes ist, Erlaß der Haftung für Verschulden im voraus, ein anderes, Fehlen des Verschuldens.

Der Erlaß der Haftung schließt das Verschulden nicht aus; die im Verkehr erforderliche Sorgfalt wird verletzt; das Verhalten des Schuldners ist widerrechtlich.[1])

Dadurch unterscheidet sich dieser Fall auch von Handlungen, bei denen im Hinblick auf das obligatorische Verhältnis schon der objektive Tatbestand des Delikts mangels der Widerrechtlichkeit ausscheidet. Bei Ausschluß der Widerrechtlichkeit liegt Einwilligung zu der Handlung und ihrem Erfolg vor, bei dem Erlaß der Haftung und bei der Aufstellung des Maßstabes für das, was der Verkehr fordert, ist der Gläubiger mit dem Erfolge des Verhaltens des Schuldners keineswegs einverstanden.[2])

---

setzt werden. Was ohne den Vertrag Verschulden wäre, ist es in diesem Falle nicht. Infolgedessen ist auch eine Haftung wegen Beschädigung durch unerlaubte Handlung nicht begründet." ROHG. Bd. 15, S. 83 ff.

[1]) A. M. Neumann, Vorbem. z. §§ 823 ff. F. II. „Der Einfluß des unter den Parteien bestehenden sonstigen Rechtsverhältnisses zeigt sich darin, daß, insoweit die obwaltende Fahrlässigkeit nach dem Inhalte des konkreten Schuldverhältnisses nicht zu vertreten ist (§ 276 ff.), eine widerrechtliche Verletzung ..... ausgeschlossen ist."

Nach Pernice a. a. O. S. 86 ist es sogar eine contradictio in adiecto, von einer culpa zu reden, für welche nicht gehaftet wird. — M. E. ist diese Ansicht aber weder für das römische Recht noch für das BGB. zutreffend.

[2]) Crome bespricht in der DJZ. IX, 1, 04 S. 18 ff. zunächst folgende Fälle: „Niederlegung eines alten Hauses, die Sprengung von Gewölben usw. zur vertragsmäßigen Herstellung von Neuanlagen, ferner: Der Geschäftsführer der Gesellschaft nimmt den ihm gebührenden Lohn aus der Geschäftskasse heraus; diese Befugnis ist ihm durch den Gesellschaftsvertrag gegeben." Der Vertrag rechtfertige hier das Verhalten des Gegners. Crome fährt dann fort: „So klar dies

Schließlich wird mit Rücksicht auf die Vertragsberedung häufig auch konkurrierendes Verschulden des Gläubigers anzunehmen sein. Dieses findet in gleicher Weise Berücksichtigung, mag der Schuldner aus dem Vertrag oder aus dem Delikt in Anspruch genommen sein. §§ 254, 846.

---

ist, so sehr ist es verkannt worden, wenn nicht direkt erlaubte, sondern anderweitige Handlungen in Frage stehen', welche nur indirekt oder mittelbar durch das Vertragsverhältnis gerechtfertigt werden. Die Parteien können nun nicht an alles denken: sehr oft sind sie, wie das Leben zeigt, sogar sehr wenig weitblickend. — Z. B. wenn ich jemanden, der sich sonst weigern würde, unter Entbindung von jeder Sorgfalt zur Übernahme einer Aufbewahrung bewege, so kann ich mich nachher nicht aus einem anderen Gesichtspunkte beschweren, wenn die Sachen im Rahmen jener vertraglich gegebenen Direktive oder Latitude Schaden leiden." —

M. E. bedeutet jene Rechtfertigung durch das Vertragsverhältnis in der ersten Gruppe der Fälle etwas von der zweiten grundverschiedenes. Der Unterschied erschöpft sich keineswegs darin, daß die Handlungen in der einen Gruppe direkt erlaubt sind, in der anderen Gruppe nur indirekt oder mittelbar durch das Vertragsverhältnis gerechtfertigt werden (und zwar nur mittelbar, weil die Parteien nicht an alles im voraus denken können!).

Vielmehr ist die Verschiedenheit eine ganz prinzipielle. Bei Niederlegung des Hauses, Herausnahme des Geldes aus der Kasse schon kein objektiver Tatbestand des Delikts: Einverständnis mit dem Erfolg des Verhaltens. Dagegen ist bei Beschädigung der aufbewahrten Sache der objektive Tatbestand des Delikts gegeben: kein Einverständnis mit dem Erfolge; es fehlt aber das Verschulden, weil die im Verkehr erforderliche Sorgfalt prästiert ist; der Schuldner durfte nach der konkreten Sachlage so handeln.

Im einzelnen wird die Unterscheidung oft schwierig sein, insbesondere wird es sich fragen, ob nicht Erlaß der Haftung im voraus anzunehmen ist.

Zweites Hauptstück.

Als Ergebnis der bisherigen Untersuchung hat sich einerseits herausgestellt, daß die Tatbestandsmerkmale einer Vertragsverletzung und einer unerlaubten Handlung nicht gleichzeitig vorliegen müssen und daß in einer Reihe von Fällen ein Vorgang nur scheinbar beide gesetzliche Tatbestände umfaßt.

Andererseits ist aber auch nachgewiesen, daß ein Verhalten gleichzeitig einen Verstoß gegen den Vertrag und eine unerlaubte Handlung wenigstens den gesetzlichen Tatbeständen nach enthalten kann.

Handelt es sich um Vorgänge, auf welche die beiden gesetzlichen Tatbestände passen, so treten einander gegenüber die Rechtsnormen, welche zu diesen Tatbeständen gehören, welche diese Tatbestände in sich schließen.

Diese Normen sind voneinander verschieden: die Rechtsfolge ist anders bei der Vertragsverletzung, anders beim Delikt geregelt. Der Kontraktsanspruch deckt sich nicht mit dem Deliktsanspruch.

Es erhebt sich daher die Frage, ob beide Normen zur Anwendung kommen, ob also beide Rechtsfolgen, beide Ansprüche gegeben sind, oder ob nur eine Rechtsnorm gilt, nur ein Anspruch zur Entstehung gelangt. Im letzteren Falle würde also der eine äußere Vorgang unter die eine Norm vollkommen passen, unter die andere aber nur hinsichtlich des Tatbestandes dieser Norm. In der Literatur drückt man sich vielfach dahin aus, der eine reelle Anspruch absorbiere den anderen, und dieser sinke zu einem virtuellen herab.[1] Mit dieser Bezeichnung „virtu-

---

[1]) Vgl. z. B. Langheineken, Anspruch und Einrede S. 140.

eller Anspruch“ wird aber nichts anderes gesagt, als daß auf die zu subsumierende Handlung der Tatbestand einer Norm wohl paßt, nicht aber die Norm selber.

§ 6.

Ganz allgemein läßt sich der Grundsatz aufstellen, daß sich die Frage nach der Reellität mehrerer Ansprüche mit der nach dem gegenseitigen Verhältnis der zu diesen Ansprüchen gehörenden Rechtsnormen deckt.

Ist dieses Verhältnis klar, so ist die Frage nach der Zahl der reellen Ansprüche entschieden — und umgekehrt: steht die Zahl fest, so ergibt sich daraus auch das Verhältnis der beiden Rechtsnormen zueinander.

In Frage kommt nun, ob das Verhältnis von lex generalis zu lex specialis vorliegt oder nicht.[1])

Im letzteren Falle ergreift der eine äußere Vorgang nicht bloß die gesetzlichen Tatbestände zweier Normen, vielmehr auch die beiden Normen selber in ihrer Totalität.

Sie kommen als leges speciales beide zur Anwendung; sie erzeugen also zwei reelle Ansprüche.

Diese sind vollkommen selbständig und unabhängig voneinander. Im Begriffe der Spezialität zweier Normen liegt enthalten, daß von dem durch die eine lex gewährten Anspruch nichts in den anderen, der zu der anderen Norm gehört, hineingetragen werden kann.

So läßt z. B. die Verjährung des einen Anspruchs den anderen unberührt; ein Pfand, das zur Sicherung des ersten Anspruchs bestellt ist, gilt nicht für den zweiten; dem Verbote, welches die Aufrechnung des einen Anspruchs verwehrt, steht die Aufrechnung des anderen nicht entgegen.

Vor allem aber äußert sich die vollkommene Selbständigkeit der Ansprüche darin, daß jeder unabhängig vom anderen geltend gemacht werden kann.

---

[1]) Vgl. Hellwig, Anspruch u. Klagrecht S. 98 ff. Hellwig, Lehrbuch S. 266 ff. — Den letzteren Fall, wo die Rechtsnormen nicht im Verhältnis von lex generalis zu lex specialis stehen, bezeichne ich im folgenden — kurz, wenn auch ungenau — als das Verhältnis von lex specialis zu lex specialis.

Allerdings wirkt die Befriedigung des einen Anspruchs auf den anderen ein. Ist der Umfang des Schadenersatzes für beide Ansprüche gleich hoch, so ist nach Befriedigung des einen der andere ausgeschlossen. Das ist selbstverständlich. Denn es liegt dann überhaupt gar kein Schaden mehr vor; der andere Anspruch verliert dadurch von selber seinen Inhalt.[1]) — Es ist aber zu beachten, daß der Befriedigung weder Klageerhebung noch Verurteilung noch fruchtlose Zwangsvollstreckung gleichsteht, vielmehr bringt erst wirkliche Befriedigung den Effekt hervor, daß kein Schaden mehr besteht. Ist der Umfang des Schadens verschieden bestimmt, Befriedigung dagegen bloß eingetreten für den dem Umfang nach geringeren Anspruch, so geht insoweit auch der andere Anspruch unter; er bleibt aber auf das Mehr bestehen. Dieses Mehr ist auch nachträglich noch einforderbar.[2])

Die Geltendmachung der Ansprüche kann gleichzeitig, sie kann aber auch nacheinander erfolgen.

Die beiden Ansprüche stehen im Verhältnis der Kumulation.[3]) Die Annahme, daß solche Ansprüche elektiv oder alternativ[4]) konkurrieren, daß also der prozessuale Erfolg oder schon die Geltendmachung des einen Anspruchs den anderen ausschließe, entbehrt in unserem Rechte jeglicher Stütze.

Ist aber der andere Fall gegeben, daß nämlich die Normen

---

[1]) S. Crome, System I § 121, 3 (S. 532 f.).

[2]) Vgl. Crome a. a. O. S. 533. — Vgl. auch § 149 Sächs. Bürgerl. Gesetzb.: „Wenn mehrere Klagen aus demselben Grunde zur Erreichung eines und desselben Zweckes zustehen, und eine derselben zum Ziele geführt hat, so erledigen sich die übrigen. Ist der Gegenstand der zusammentreffenden Klagen von ungleichem Umfange und die Klage von geringerem Umfange durchgeführt worden, so kann mit der anderen Klage das Mehrere nachgefordert werden."

[3]) Es ist eine Kumulation von besonderer Qualifikation; sie unterscheidet sich von der gewöhnlichen Kumulation dadurch, daß bei letzterer die Unabhängigkeit des einen Anspruchs auch noch nach Befriedigung des anderen vorhanden ist (vgl. z. B. §§ 371 a, 341 I, 1392 I a), während bei dieser besonderen Kumulation der Umfang des größeren Anspruchs durch die Befriedigung des kleineren verringert, die Existenz des kleineren durch die Befriedigung des größeren vernichtet wird. Oertmann, Kommentar § 340 N. 3 S. 84 nennt diese Konkurrenzform „elektive Konkurrenz", Langheineken a. a. O. S. 140 „Idealkonkurrenz". Näheres das. S. 140 ff.

[4]) Alternative Ansprüchekonkurrenz kann z. B. gegeben sein bei der Alternativobligation (§§ 262 ff.) und der Alternativermächtigung (z. B. § 340 I). Näheres bei Langheineken a. a. O. S. 140, 193 ff., 201 ff.

im Verhältnis von lex **generalis** zu lex specialis stehen, so liegt bloß ein einziger reeller Anspruch vor.[1])

Die lex generalis ist der lex specialis gegenüber unanwendbar. Das ist nur die Wiederholung des Satzes: lex specialis derogat legi generali. Es paßt die lex generalis nur scheinbar auf den äußeren Vorgang; ihre Anwendung würde eine falsche Subsumtion sein.

---

[1]) Im BGB. ist das Verhältnis zweier Normen sehr häufig das der lex specialis zur lex generalis; man vergegenwärtige sich nur die Bestimmungen des ersten Buches und des allgemeinen Teils des Rechts der Schuldverhältnisse einerseits und der Normen der einzelnen Schuldverhältnisse andererseits. Beispiele: § 615 z. §§ 300ff.; § 522 z. § 288. Im einzelnen ist die Entscheidung oft schwierig und Veranlassung zu eingehenden Untersuchungen geworden; z. B. inwieweit sind die Vorschriften über die Gesellschaft, die Vorschriften über Gewährleistung wegen Mängel der Sachen beim Kauf leges speciales zu den §§ 323ff. Ein sehr interessantes Beispiel bietet § 912 BGB. M. E. ist § 912 lex specialis zu § 823.

Crome, System II, § 325 Nr. 4, Langheineken a. a. O. S. 138, auch O. Chr. Fischer S. 89ff., nach deren Ansicht auch relative Rechte unter den Wortlaut des § 823 I fallen, erblicken in der Vorschrift des § 823 I die generelle Norm, der als spezielle Normen die für die einzelnen Verträge gegebenen Vorschriften gegenüberstehen.

Als Grund für diese Ansicht wird angegeben, es entspräche diese Regelung dem offenbaren Willen des Gesetzes (Langheineken), „Die vom Verpflichteten ausgehende Verletzung stünde in begrifflichem Gegensatze zu einem Delikt, die Haftungsgrundsätze im bestehenden Rechtsverhältnis wichen von den deliktischen oft ganz erheblich ab, eine Vereinigung beider sei unmöglich, sie würde zur Negierung der Regeln einer Gruppe führen" (Crome). — Dieses Ergebnis — muß man dagegen einwenden — ist aber stets vorhanden, wenn man den Schuldner auch aus dem Delikte haften läßt. Macht man ihn z. B. in Fällen, in denen im bestehenden Rechtsverhältnis die Haftung auf Vorsatz und grobe Fahrlässigkeit beschränkt ist, unter dem Gesichtspunkte des Delikts auch für leichte Fahrlässigkeit verantwortlich — wie es der Meinung Cromes und Langheinekens entspricht —, so führt dies auch zur Negierung der besonderen, durch das Vertragsverhältnis gegebenen Regelung. Nur insoweit eine Abweichung der Haftungsgrundsätze des vertraglichen Verhältnisses vom Delikt besteht, interessiert überhaupt die Lehre. — Es ist diesen Schriftstellern nur zuzugeben, daß, wenn man die deliktische Haftung auch bei Verletzung des obligatorischen Rechts zuläßt, sich diese Abweichung in besonders erheblichem Maße zeigt. Es mangelt aber an der Angabe eines juristischen Maßstabes, mittels dessen sich bestimmen ließe, wann das Maß der Abweichung voll sei, um — dem „offenbaren Willen des Gesetzes" entsprechend — den Anspruch aus dem Delikte auszuschließen.

Durch die auf S. 21ff. begründete Ansicht, daß die Verletzung des obligatorischen Rechts auch dem Wortlaut nach nicht unter § 823 I fällt, entgeht man allen Schwierigkeiten.

Es löst sich also hier die Konkurrenz dadurch, daß nur ein einziger, der durch die lex specialis gewährte Anspruch vorliegt. Es stehen mehrere Ansprüche überhaupt nicht einander gegenüber, sondern bloß mehrere gesetzliche Bestimmungen, es handelt sich nicht um Ansprüchekonkurrenz, sondern um Gesetzeskonkurrenz.[1])

§ 7.

Unter diesen Gesichtspunkten sind nun auch die beiden Normen zu betrachten, welche die Folgen der Vertragsverletzung und der unerlaubten Handlung bestimmen. Das Verhältnis dieser Normen und damit die Reellität der zu ihnen gehörenden Ansprüche ist zu prüfen.

Eine ausdrückliche Regelung ist in unserem bürgerlichen Gesetzbuch unterblieben.

Auch seine Entstehungsgeschichte gewährt uns keinen Anhalt.[2])

---

[1]) Hellwig, Anspruch u. Klagrecht S. 90, Anm. 2; Hellwig, Lehrbuch S. 266; Langheineken a. a. O. S. 138 ff.

[2]) Stipanski behauptet a. a. O. S. 15 ff. Die Möglichkeit einer Konkurrenz zwischen Kontrakts- und Deliktsklage werde in den Motiven zum BGB. zugegeben. Allein die von ihm angeführten Stellen sind m. E. zum Beweise dieser Behauptung nicht geeignet. Die von ihm aus Mot. Bd. II, S. 727 zu § 704 zitierte Stelle bezieht sich ganz ausdrücklich nur auf den seitens des Dritten vollzogenen Eingriff in die obligatorischen Rechte eines anderen und ist auf eine vom Schuldner selber verursachte Verletzung nicht ausdehnen. Denn die Bemerkung über den Dritten schließt sich gerade an die Ausführung an, daß der vom Schuldner vollzogene Eingriff bloß eine Umwandlung des Schuldverhältnisses zur Folge habe.

Ebenso besagt die von Stipanski S. 16 angezogene Bemerkung der Motive Bd. II, S. 747 zu § 722 für unsere Frage nichts. Es heißt dort: „Anderseits kann der in betreff der beschädigten Sachen bloß obligatorisch Berechtigte nach Maßgabe des § 704 Abs. 1 (des 1. Entwurfs) Schadensersatz fordern, wenn die Voraussetzungen des § 704 vorliegen, oder sonst die Sachbeschädigung sich als eine durch die Rechtsordnung verbotene Handlung (vgl. §§ 303—324 RStGB.) darstellt."

Wie sich aus dem ganzen Zusammenhange ergibt, handelt es sich um eine Erörterung, warum die Sachbeschädigung nicht entsprechend der actio legis Aquiliae als besonderes Delikt formuliert sei. Diese Frage wird dahin beantwortet, daß schon § 704 des E. I ausreiche. Denn der Eigentümer oder der sonst dinglich Berechtigte könne wegen Verletzung des absoluten Rechts auf Grund des § 704 Abs. 2 des E. I (dem im wesentlichen § 823 I nachgebildet ist) Schadensersatz fordern, der bloß obligatorisch Berechtigte nach Maßgabe des § 704 Abs. 1 (an den sich § 823 II angelehnt hat). — Es ist daher gar nicht daran gedacht, wie Stipanski anzunehmen scheint, daß die Verletzung vom

Der Gesetzgeber hat die Entscheidung der Wissenschaft vorbehalten.[1])

Man hat deshalb versucht, aus dem Inhalte einzelner Bestimmungen unseres Gesetzbuches den latent enthaltenen Satz über das Verhältnis der Rechtsnormen zueinander, über die Zahl der Ansprüche aufzudecken.

Die bisher unternommenen Versuche, auf diese Weise die Frage zu klären, sind m. E. als verfehlt zu bezeichnen. Es wird sich zeigen lassen, daß es in unserem BGB. eine Bestimmung, der entscheidendes Gewicht beizulegen wäre, überhaupt nicht gibt.

Hellwig[2]) beruft sich auf die Vorschrift des § 618 III, um seine Ansicht, daß die Bestimmungen über den Vertrag leges speciales zu denen über unerlaubte Handlungen seien, zu begründen.

Nach § 618 III finden auf die Verpflichtungen des Dienstberechtigten zum Schadenersatz die für unerlaubte Handlungen geltenden Vorschriften der §§ 842 bis 846 entsprechende Anwendung. Dieser Satz ist nach der Meinung Hellwigs eine deutliche Ausnahme von dem Prinzip, demzufolge dem Verletzten lediglich der Anspruch aus dem Vertrag zustehen soll. Denn stände das Gesetz grundsätzlich auf dem Standpunkte, neben dem kontraktlichen Anspruch auch noch den aus dem Delikt zu gewähren, so würde es eine Tautologie sein, nun nochmals in § 618 III den gleichen Satz auszusprechen. Die Bestimmung wäre schlechtweg überflüssig.

Dieser Ansicht Hellwigs ist nicht beizutreten. Denn die Vorschrift des § 618 III ist auch bei einer Auffassung, die neben dem Vertragsanspruch auch den Deliktsanspruch grundsätzlich anerkennt, durchaus gerechtfertigt. -- Sie findet nämlich dann Anwendung, wenn nicht einmal dem Tatbestande nach eine unerlaubte Handlung vorliegt. Ein solcher Fall ist z. B. gegeben, wenn beim Vorliegen der objektiven Voraussetzungen des § 618 III die Schuld nicht den Dienstherrn selber, sondern seinen Gehilfen (§ 278) trifft. Ungeachtet des erbrachten Exkulpationsbeweises

---

obligatorisch Verpfichteten ausgeht; es wird die Frage, ob neben dem Vertragsanspruch auch noch der Deliktanspruch gegeben sei, nicht einmal gestreift. — Beachtenswert sind aber die Ausführungen von O. Chr. Fischer S. 61 ff.

[1]) Vgl. Mot. I, S. 278; Wrzeszinski S. 38, insbes. Note 110.

[2]) Hellwig, Lehrb. S. 268 bei Note 70.

(§ 831) haftet hier der Dienstberechtigte wegen der Vertragsverletzung nach § 618 III, und es bestimmt sich der Umfang seiner Schadensersatzpflicht nach den §§ 842—846. Fehlte die Vorschrift des § 618 III, so würden Art und Umfang des Schadensersatzes lediglich nach §§ 249 ff. geregelt, dagegen die §§ 842—846 nicht zur Anwendung kommen.

Aus dieser Erwägung folgt, daß § 618 III für die Frage nach der Zahl der Ansprüche bedeutungslos ist.

Auch in § 687 II ist nicht, wie Hellwig [1]) meint, ein Schlüssel zur Lösung des Problems enthalten.

Nach § 687 II kann der Geschäftsherr die sich aus den §§ 677, 678, 681, 682 ergebenden Ansprüche geltend machen. Die Fassung des § 687 II besagt deutlich, darin kann man Hellwig folgen, daß dem Geschäftsherrn auch noch andere Ansprüche, nämlich die aus Delikt gewährt sind.

Dagegen ist m. E. die weitere Folgerung verfehlt, nun in den Fällen der echten Geschäftsführung (und analog bei Vertragsverletzungen) aus dem Grunde, weil hier der Hinweis auf noch andere Ansprüche in dieser Deutlichkeit nicht enthalten ist, den Deliktsanspruch zu versagen.

Durch die besondere Fassung des § 687 II ist allerdings eine den Deliktsanspruch betreffende Besonderheit zum Ausdruck gebracht. Es wird hier nämlich der Anspruch aus unerlaubter Handlung als der prinzipale und der aus der Geschäftsführung als der eventuelle bezeichnet. Letzterer bildet gleichsam die Ausnahme, auf ihn muß sich der Geschäftsherr schon mit Rücksicht auf § 687 II b besonders berufen, ihn besonders geltend machen.[2]) Dieses Verhältnis der beiden Ansprüche findet auch in der Entstehungsgeschichte des Paragraphen seine Rechtfertigung: nach dem ersten Entwurfe (§ 761 des Entwurfes) sollte der Geschäftsführer bloß nach den Vorschriften über unerlaubte Handlungen haftbar sein, weil ja überhaupt gar keine Geschäftsführung vorliege. Die zweite Kommission gab dem Geschäftsherrn in der Erwägung, daß mit der Beschränkung auf den Deliktsanspruch sein Interesse unter Umständen nicht genügend geschützt sei, noch

---

[1]) Hellwig, Lehrb. S. 265 Note 65.

[2]) Langheineken a. a. O. S. 113 u. 205 weist eingehend auf solche Ansprüche hin; er hat für diese die Bezeichnung „verhaltene Ansprüche" geprägt.

außerdem dazu die sich aus §§ 677, 678, 681, 682 ergebenden Ansprüche.[1])

An diesem Grunde, der zur Fassung des § 687 II geführt hat, fehlte es aber bei Regelung des Anspruchs aus echter Geschäftsführung oder des Vertragsanspruchs. Es ist deshalb auch nicht auffällig, wenn sich bei diesen Bestimmungen eine dem § 687 II ähnliche Fassung nicht findet.

Daher ist auch die Folgerung durchaus nicht gerechtfertigt, dort, wo die Fassung von der des § 687 II abweicht, um dieser Abweichung willen den Deliktsanspruch überhaupt als ausgeschlossen zu betrachten. § 687 II kann daher für unsere Frage gar nicht in Betracht kommen.

Zu ihrer Beantwortung wird endlich auch § 682 herangezogen:

§ 682 lautet:

„Ist der Geschäftsführer geschäftsunfähig oder in der Geschäftsfähigkeit beschränkt, so ist er nur nach den Vorschriften über den Schadensersatz wegen unerlaubter Handlungen und über die Herausgabe einer ungerechtfertigten Bereicherung verantwortlich."

Es ist nun folgender Schluß naheliegend:

Da der geschäftsunfähige oder in der Geschäftsfähigkeit beschränkte Geschäftsführer nur nach den Vorschriften über den Schadensersatz wegen unerlaubter Handlungen verantwortlich ist, so haftet der Geschäftsfähige auch nach diesen Vorschriften.[2])

Es finden deshalb manche Schriftsteller in § 682 den Beweis für die Meinung, daß der Anspruch aus unerlaubter Handlung selbständig neben dem Geschäftsführungsanspruch und auch neben dem Vertragsanspruch stehe.

M. E. kann § 682 schon deshalb nicht ausschlaggebend sein, weil Gegenstand unserer Untersuchung das Verhältnis des Vertragsanspruchs zum Deliktsanspruch ist, hier aber nur Geschäftsführungsanspruch und Deliktsanspruch unmittelbar in Beziehung gebracht sind. — Ein Analogieschluß liegt aber gar zu fern. Denn

---

[1]) Vgl. Prot. der Kommission für die 2. Lesung S. 741 ff.

[2]) Diesen Schluß ziehen v. Liszt, Deliktsobligationen § 2 V; Isay, Geschäftsführung S. 400; Stipanski, S. 17; O. Chr. Fischer, S. 96 u. a. Vgl. dagegen Golde S. 397.

die Rechtshandlung, die sich als Geschäftsführung charakterisiert, mag gerade mit Rücksicht darauf, daß zwischen den Parteien keine durch Vertrag begründeten rechtsgeschäftlichen Beziehungen bestehen, auch noch den Deliktsanspruch erzeugen. Diese Regel, wenn sie richtig wäre, nun auch noch für den Vertragsanspruch aufzustellen, würde ein Schluß a minore ad maius sein; man fühlt heraus, daß der umgekehrte Schluß — vom Vertragsanspruch auf den Geschäftsführungsanspruch — näher liegen würde.

Daß § 682 für unsere Frage nicht in Betracht kommen kann, ergibt sich endlich aus folgender m. E. entscheidender Erwägung:

Ließe sich aus § 682 ableiten, daß (der Geschäftsführer und analog) der Schuldner im Vertragsverhältnis auch deliktisch verantwortlich sein solle, so würde es nur der unabweisbaren Forderung konsequenter Denkweise entsprechen, (den Geschäftsführer und analog) den Schuldner auch nach den Vorschriften über die Herausgabe einer ungerechtfertigten Bereicherung haften zu lassen.

Davon kann aber keine Rede sein.

Bestritten ist allerdings, ob der Anspruch aus auftragloser Geschäftsführung neben dem aus Bereicherung gegeben sein kann.[1])

Jedenfalls aber tritt letzterer — und das ist das Wesentliche — niemals mit dem Vertragsanspruch in Konkurrenz. Denn schon ihrem gesetzlichen Tatbestande nach schließen sich beide Ansprüche aus.[2]) Es kann nämlich das begrifflich für den Bereicherungsanspruch unentbehrliche Tatbestandsmerkmal „des Erlangens auf Kosten des anderen“ überhaupt nicht gegeben sein,

[1]) M. E. ist lediglich der Geschäftsführungsanspruch gegeben und zwar aus den gleichen Gründen, die beim Vorliegen des Vertragsanspruches den Bereicherungsanspruch ausschließen (s. im Text unten), vgl. Ausführliches bei v. Mayr a. a. O. S. 362, der die abweichende Meinung Plancks, Erl. vor § 812 V S. 578 widerlegt. Zutreffend auch Hellwig, Lehrbuch S. 268 Note 71; er weist darauf hin, daß auch bei der unechten Geschäftsführung dem Täter, welchem die unbeschränkte Geschäftsfähigkeit fehlt, der Anspruch auf die Bereicherung nicht auf Grund des § 812 zusteht, sondern gemäß dem in § 687 II für anwendbar erklärten § 682.

[2]) Dies übersieht wohl Hellwig, Lehrb. S. 268 Note 70, der meint, es liege hier Gesetzeskonkurrenz vor; vgl. ferner Hellwig S. 267 N. 66: Vertragsanspruch und der Anspruch aus ungerechtfertigter Bereicherung schlössen sich einander ebenso aus, wie der Geschäftsführungs- und der Deliktsanspruch. Auch dem ist nicht zuzustimmen. Denn dort schon dem Tatbestand nach ein einziger Anspruch; hier aber den Tatbestandsmerkmalen nach zwei Ansprüche. Vgl. unten S. 61 Anm. 4.

solange der Anspruch aus dem Vertrage wirksam besteht. Denn dieser dem Berechtigten zustehende, zu seinem Vermögen gehörende Anspruch ist das Äquivalent, das den Eintritt der Bereicherung des anderen verhindert.

Danach kann aus § 682 nicht abgeleitet werden, daß neben dem Vertragsanspruch noch der Deliktenanspruch bestehen kann; nur sprachlich ist der aus § 682 gezogene Schluß möglich und auch naheliegend, aus inneren, sachlichen Gründen aber verboten.[1])

Für die Annahme, daß bei einem Delikt und Vertragsverletzung umfassenden Vorgang zwei reelle Ansprüche entstehen, spricht aber m. E. jene Eigenart des deliktischen Anspruchs, gleichzeitig neben anderen Ansprüchen bestehen zu können. Es nimmt die unerlaubte Handlung im System unseres Gesetzes eine ganz besondere Stellung ein;[2]) sie hat die Kraft, mehrere Verpflichtungsverhältnisse zu schaffen.

Diese Eigentümlichkeit tritt z. B. in die Erscheinung und läßt sich mit Sicherheit nachweisen, wenn der äußere Vorgang ein Delikt ist und gleichzeitig ein Anspruch aus ungerechtfertigter Bereicherung gegeben ist. Es liegen dann zwei reelle Ansprüche vor (arg. § 852 II).[3]) Und zwar ist es die Eigenart des deliktischen Anspruchs, noch selbständig neben dem Bereicherungsanspruch zu stehen; es darf nicht umgekehrt aus der Natur des Bereicherungsanspruchs dieses Verhältnis zum deliktischen hergeleitet werden. Denn dem Bereicherungsanspruch fehlt die Eigenschaft, noch selbständig neben andere Ansprüche zu treten, insbesondere kann er nicht mit dem Vertragsanspruch konkurrieren. Es schließen sich vielmehr Vertrags- und Bereicherungsanspruch, wie bereits ausgeführt ist, begrifflich gegenseitig aus.[4]) Es

---

[1]) Manche beziehen sich noch auf § 676; es ist wohl überflüssig, darauf einzugehen.

[2]) Vgl. z. folgendem v. Mayr a. a. O. S. 358.

[3]) Vgl. oben S. 15 Anm. 3.

[4]) Vgl. v. Mayr a. a. O. S. 358: „Der Bereicherungsanspruch ist seinem Wesen nach bedingt durch das Erlangen auf Kosten des anderen. Solange nun ein Geschäftsanspruch (Anspruch aus dem Vertrage) besteht, läßt sich nicht behaupten, daß der Verpflichtete auf Kosten des Berechtigten bereichert sei. Denn dieser ist kraft seines Anspruches in der Lage, dem Verpflichteten diese scheinbare Bereicherung jeden Augenblick zu entziehen. Sie befindet sich mit anderen Worten bereits in der Form des Anspruchs im Vermögen des Berechtigten. Zur

ist daher die Annahme naheliegend, daß auch dem Vertragsanspruch gegenüber der Deliktsanspruch seine selbständige Stellung bewahrt.

Man wird sich demnach dafür entscheiden dürfen, daß zwei reelle Ansprüche vorliegen,[1]) daß die beiden Normen im Verhältnis von lex specialis zu lex specialis stehen.

Mit diesem Resultate befindet man sich auch im Einklange mit den Entscheidungen, die frühere Rechte, insbesondere das römische und gemeine Recht [2]) gegeben haben.

Endlich hat die hier vorgeschlagene Lösung auch fundatam intentionem: solange sich nicht nachweisen läßt, daß hier das Verhältnis von lex generalis zu lex specialis vorliege, solange nicht ein Grund angegeben werden kann, demzufolge eine Norm nicht

---

Bereicherung auf Kosten des Berechtigten wird sie erst, wenn dieser seinem Anspruch keine andere Grundlage zu geben vermag, als das ungerechtfertigte Haben des Bereicherten. Dies ist aber nicht der Fall, wenn dem Benachteiligten ein Anspruch auf Erfüllung, vielleicht auch nur statt des eigentlichen Erfüllungsanspruchs ein bloßer Surrogatanspruch zusteht. Solange daher dem Berechtigten ein solcher Erfüllungsanspruch zu Gebote steht, muß ihm der Bereicherungsanspruch versagt bleiben."

[1]) So auch die herrschende Meinung, insbesondere Crome, System I, § 121 N. 17 (S. 532), II § 324 unter 5, auch N. 32 (S. 1014ff.) u. DJZ. IX, 1, 04 S. 14ff., Dernburg, Bürgerl. Recht II, 1 S. 138, a. M. Endemann a. a. O. § 200 N. 4; Hellwig, Anspruch u. Klagrecht S. 98, Lehrbuch S. 266ff.

[2]) Selbstverständlich erhalten wir dort nicht Aufschluß über das Verhältnis der Normen, da die frühere Gesetzestechnik nach Art moderner Kodifikationen formulierte Bestimmungen nicht kennt. Aus früheren Rechten erhellt nur, wieviel Klagen, wieviel Ansprüche bestehen; doch da sich, wie oben ausgeführt ist, aus der Zahl der Ansprüche auch das Verhältnis der Normen zueinander ergibt, so läßt sich die Auffassung des alten Rechts vergleichsweise sehr wohl auch für unser BGB. verwerten.

Das römische Recht gibt die Klage aus dem Vertrage und daneben selbständig stehend und für sich verfolgbar die Klage aus dem Delikt. Das ist wohl außer Zweifel. Es sei bloß hingewiesen auf l. 43 D. 19, 2; l. 18 D. 9, 2; l. 18 § 1 D. 13, 6; l. 27 § 11 D. 9, 2. — Diese Quellenstellen beweisen, daß dem Gläubiger, dessen Sache vom Schuldner beschädigt ist, neben der Klage aus dem betreffenden Vertragsverhältnis auch die actio legis Aquiliae zusteht. Auch im gem. Rechte ist die Lehre von der Mehrheit der Ansprüche die herrschende geblieben. Dies wird selbst von denen nicht bestritten, die für das Recht des Bürgerl. Gesetzbuches die Konkurrenz leugnen. Vgl. z. B. Endemann, § 200 Note 9b; Hellwig, Lehrb. S. 264 Note 44. — Vgl. ferner für das Recht des Bürgerl. Gesetzbuches für das Königreich Sachsen § 1488; danach steht neben dem Anspruch aus dem Vertrag der Deliktsanspruch. S. oben S. 46.

zur Anwendung kommen soll, obwohl deren Tatbestand auf den äußeren Vorgang paßt, wird es bei der Ansicht verbleiben müssen, daß die Normen im Verhältnis von lex specialis zu lex specialis stehen.

Ein eigentlicher Beweis für die Richtigkeit der hier vertretenen Meinung läßt sich nicht führen.[1])

Doch kann m. E. als sicher gelten, daß das Verhältnis der beiden Normen ein konstantes ist. § 823 I ist z. B. nicht bald lex generalis, bald lex specialis zu den vertraglichen Bestimmungen. Insbesondere verbietet sich die Annahme in Fällen, in denen für den gesetzlichen Tatbestand der Vertragsverletzung ein höherer Grad des Verschuldens bestimmt ist als für den deliktischen Tatbestand, die Vorschriften über unerlaubte Handlungen zu leges generales herabzudrücken und aus diesem Grunde ihre Anwendbarkeit auszuschließen. — Es ist m. E. durchaus willkürlich, ja widersinnig, § 823 I als lex specialis z. B. zu der Vorschrift anzusehen, daß der Schenker nur Vorsatz und grobe Fahrlässigkeit zu vertreten habe, den gleichen § 823 I aber als lex generalis zu qualifizieren gegenüber einer Norm des Inhalts, daß der Schenker leichte Fahrlässigkeit nicht zu vertreten habe. Liegt im ersten Falle das Verhältnis von lex specialis zu lex specialis vor, so muß es bei der gleichen Entscheidung auch im zweiten Falle bleiben.[2]) [3])

---

[1]) Auch Langheineken a. a. O. S. 139 faßt trotz der großen Schärfe und Folgerichtigkeit seiner Darlegung das Resultat dahin zusammen: „Dagegen dürfte eine Gesetzeskonkurrenz nicht vorliegen."

[2]) A. M. v. Liszt, Deliktsobligationen S. 14; s. oben S. 40 Anm. 5.

[3]) Das Reichsgericht bejaht in der bereits oben S. 44 erwähnten E. 59, 104 folgende Frage:

„Steht dem Käufer eines Grundstücks, der über einen Mangel desselben arglistig getäuscht ist, nach der in Kenntnis des Mangels erfolgten Annahme der Anspruch auf Schadensersatz aus § 826 BGB. nur zu, wenn er sich seine Rechte wegen des Mangels bei der Annahme vorbehält?"

In der Begründung wird ausgeführt, „der Schadensersatz aus arglistigem Verschweigen eines Fehlers der verkauften Sache werde durch die vorbehaltlose Annahme der Sache in Kenntnis des Fehlers unter allen Umständen ausgeschlossen, daher könne dieser Ausschluß . . . . . . auch der Geltendmachung des Schadensersatzes mit der Klage aus der unerlaubten Handlung entgegengesetzt werden." Hiernach ist also nach der Ansicht des Reichsgerichts der Deliktsanspruch (aus § 826) an sich möglich, wegen des Vorbehalts aber ausgeschlossen. M. E. kommt es auf den Vorbehalt nicht an. Läßt man überhaupt

Als Resultat unserer Untersuchung hat sich also ergeben, daß, wenn ein äußerer Vorgang die Tatbestandsmerkmale sowohl einer

---

die Klage aus unerlaubter Handlung zu, nimmt man an, daß § 826 einerseits, die die vertragliche Haftung regelnden Bestimmungen, also insbesondere die §§ 460b, 463b andererseits im Verhältnis von lex specialis zu lex specialis stehen, so müßte doch ein besonderer aus dem Gesetz ersichtlicher Grund vorliegen, um im Verhältnis zu § 464 den § 826 als die lex generalis anzusehen. Entscheidet man sich einmal dafür, daß, wenn das arglistige Verhalten vorsätzliche unsittliche Schadenszufügung ist, auch der Anspruch aus § 826 vorliegt, so darf man das Erlöschen dieses Anspruchs doch lediglich auf Vorgänge zurückführen, welche überhaupt den Untergang von Deliktsobligationen bewirken; zu diesen Vorgängen gehört aber nicht schlechtweg die in § 464 geregelte vorbehaltlose Annahme.

Das ist ein Erlöschungsgrund des Anspruchs aus dem Kaufe, nicht aber auch ein Erlöschungsgrund der Deliktsobligation. Es bleibt doch trotz vorbehaltloser Annahme vorsätzliche unsittliche Schadenszufügung.

Auch sagt das Gesetz in § 464 ausdrücklich, daß „die in den §§ 462, 463 bestimmten Ansprüche" untergehen. Das sind aber nur die Ansprüche auf Wandelung oder Minderung oder Schadensersatz wegen Nichterfüllung. Danach bleiben also alle anderen Ansprüche, insbesondere auch solche, die ganz andere gesetzliche Tatbestände voraussetzen, bestehen, wie auch das Anfechtungsrecht noch binnen Jahresfrist ausgeübt werden kann, vgl. Planck, Erl. zu § 463 unter 3.

Das Reichsgericht führt weiter aus, „wenn man auch bei vorbehaltloser Annahme die Deliktsklage zuließe, so habe es der Käufer in der Hand, durch die Wahl der Deliktsklage statt der Kaufklage den Einwand aus § 464 BGB. abzuschneiden. Das könne das Bürgerliche Gesetzbuch nicht wollen".

Wenn das Gesetz es überhaupt gewollt hat, daß sich der Käufer der Vorteile der Deliktsklage bediene — gewährt diese weniger oder das gleiche wie die Kaufklage, ist sie ja von vornherein überflüssig —, so ist es m. E. ein durchaus billiges und vernünftiges Ergebnis, auch hier die Klage aus unerlaubter Handlung zuzulassen.

Damit wird die Bestimmung des § 464 keineswegs überflüssig. Sie behält vielmehr ihre Kraft in allen Fällen, in denen der Vorgang sich in dem arglistigen Verschweigen von Mängeln erschöpft.

Insoweit der Verkäufer „den" Schaden überhaupt nicht voraussieht oder vom Standpunkte des Deliktsrechts überhaupt kein Schaden entsteht, ist — bei vorbehaltloser Annahme — der Verkäufer von jeder Haftung frei. Dies mag an einigen Beispielen erläutert werden: Der Käufer ersteht eine Sache, die ohne den Mangel 1000 wert ist, bei Berücksichtigung des Mangels aber nur 100, für 10. — Hier braucht also ein Deliktsschaden überhaupt nicht vorzuliegen. Der Schadensersatz wegen Nichterfüllung beträgt aber 900. Für diesen Schaden haftet nun der Verkäufer auch nicht, wenn die Voraussetzungen des § 464 vorliegen. Vgl. auch Werner in „Das Recht" IX, 11, 05 S. 303ff. — Oder es verschweigt der Vertreter des Verkäufers arglistig den Mangel, während der Verkäufer selber durchaus redlich ist. Auch hier ist selbstverständlich eine Haftung aus § 826

Vertragsverletzung als auch einer unerlaubten Handlung enthält, immer zwei reelle Ansprüche zur Entstehung kommen, nämlich ein reeller Vertragsanspruch und ein reeller Deliktsanspruch.

§ 8.

Des weiteren erhebt sich die Frage, ob dieses Resultat dann eine Modifikation erfahren kann, wenn der äußere Vorgang nicht bloß unter die Tatbestände einer Vertragsverletzung und eines Delikts fällt, vielmehr gleichzeitig noch einen dritten gesetzlichen Tatbestand umfaßt, nämlich den in den §§ 985 ff. geregelten.

Zur Entstehung einer solchen Dreiheit von gesetzlichen Tatbeständen ist Voraussetzung, daß der Schuldner Besitzer, der Gläubiger Eigentümer der Sache ist.[1])

Es beschädigt z. B. ein Mieter die zwar in seinem Besitz, aber im Eigentum des Vermieters stehende Mietsache fahrlässigerweise,

---

unter allen Umständen ausgeschlossen, die Haftung aus §§ 460, 463 aber nur dann (vgl. § 166), wenn der Käufer sich seine Rechte vorbehalten hat.

Wohl verlangt das Kaufgeschäft im Interesse des Verkehrs ein schneidiges Recht; hier ist eine baldige und endgültige Auseinandersetzung zwischen den Parteien angezeigt. Anders ist aber doch die Sachlage zu beurteilen, wenn gegen den Käufer ein Delikt begangen wird; hier darf der Ersatzanspruch nicht schon durch eine — sei es aus Unkenntnis in geschäftlichen Dingen, sei es aus Irrtum entsprungene — Versäumnis illusorisch werden. — Es erscheint doch als eine große Härte, wenn z. B. der Vorbehalt deshalb juristisch als nicht erfolgt gelten kann, weil er — anstatt dem Verkäufer — z. B. dessen Boten, der die Sache bringt, erklärt wird (vgl. Crome II, Bd. 2 § 220 N. 55), — um dieses Versehens willen die Haftung eines Delinquenten, der vorsätzlich in einer gegen die guten Sitten verstoßenden Weise Schaden zugefügt hat, auszuschließen.

Die Geltendmachung des Deliktsanspruchs verstößt nur dann wider Treu und Glauben, wenn die vorbehaltlose Annahme unter Umständen erfolgt, die auf einen „Verzicht" auf alle Rechtsfolgen schließen lassen (Tatfrage!). Dann liegt aber auch ein für den Untergang von Deliktsobligationen gültiger Erlöschungsgrund vor, — Verzicht. — O. Chr. Fischer billigt auf S. 119 ff. die Ansicht des Reichsgerichts; er meint, die nach § 464 erfolgte Annahme mache die Arglist des Verkäufers „gewissermaßen" wirkungslos, das gleiche müsse auch für das Moment der Arglist in § 826 gelten.

[1]) Was im folgenden über das Eigentum zu bemerken ist, gilt kraft ausdrücklicher Vorschrift entsprechend für das Erbbaurecht (§ 1017 II), den Nießbrauch (§ 1065) und das Pfandrecht (§ 1227). Wird der Anspruch auf Herausgabe des Besitzes völlig oder teilweise vereitelt, so greift insbesondere die Bestimmung des § 1017 III b ein, der zufolge die Vorschriften der §§ 986—1003 entsprechende Anwendung finden sollen.

und zwar ist aus später ersichtlichen Gründen der Fall so zu denken, daß dies nach dem Eintritte der Rechtshängigkeit geschieht. Diese Handlung umfaßt den gesetzlichen Tatbestand einer Vertragsverletzung und eines Delikts; der Vorgang ist aber außerdem als die Vereitelung der ungeminderten Herausgabe der Sache des Eigentümers seitens des Besitzers zu charakterisieren; er enthält also noch einen dritten gesetzlichen Tatbestand, der im § 989 geregelt ist.

Hier entstehen, wie früher gezeigt ist, die beiden reellen Ansprüche aus dem Vertrage und aus dem Delikt.

Aus dem Rahmen unserer Abhandlung, welche die Konkurrenz des Deliktsanspruchs mit dem Vertragsanspruch zum Gegenstande hat, fällt nun freilich die Frage heraus, ob diese durch die §§ 985 ff. näher bestimmten Legalansprüche im Verhältnis zu den gleichzeitig vorliegenden Delikts- und Vertragsansprüchen reeller oder virtueller Natur sind.

In den Kreis unserer Betrachtung gehört aber hinein die Untersuchung, ob das bisher herausgearbeitete Resultat von der Reellität der beiden (aus dem Vertrag und aus dem Delikt entspringenden) Ansprüche durch die Tatsache, daß der äußere Vorgang unter drei gesetzliche Tatbestände zu subsumieren ist, eine Modifikation erleiden, ob also bei dem Hinzutreten des dritten Rechtsverhältnisses, sei es der Vertragsanspruch, sei es der Deliktsanspruch, zu einem virtuellen herabsinken kann.

Die nun folgende der Beantwortung dieser Frage gewidmete Erörterung, die also stets die Dreiheit der gesetzlichen Tatbestände voraussetzt, soll sich zunächst auf das Verhältnis des Vertragsanspruchs zum Legalanspruch beschränken, sodann wird der Einfluß dieses letzteren Anspruchs auf den Deliktsanspruch behandelt.

Der Vertragsanspruch ist im Verhältnis zum Legalanspruch unter allen Umständen ein reeller. Die Rechte des Vertragsgläubigers bleiben von den einschränkenden Vorschriften der §§ 987 ff. unberührt.[1]) Der Schuldner kann nicht unter Be-

[1]) A. M. Siber, Der Rechtszwang im Schuldverhältnis, S. 120 f unter b: er räumt den das Verhältnis zwischen dem Eigentümer und Besitzer geltenden Vorschriften unter Umständen einen die Rechte des Gläubigers beeinträchtigenden Einfluß auf das obligatorische Verhältnis ein. Wenn z. B. der Mieter infolge geringer Fahrlässigkeit Eigentümer zu sein glaube und die Sache zerstöre, so ent-

rufung darauf, er sei Besitzer, und sein Gläubiger sei Eigentümer, sich den aus dem Vertrage übernommenen Verpflichtungen nach irgend einer Richtung hin entziehen.

Das ist zwar nicht ausdrücklich im Gesetze ausgesprochen, entspricht aber dem offenbaren Willen des Gesetzes: Das Gesetz geht in einer Reihe von Bestimmungen davon aus, daß der Vertragsschuldner Besitzer der Sache geworden ist (vgl. auch § 868); es wäre nun widersinnig, diese zweifellos unter dieser Voraussetzung normierten vertraglichen Haftungsgrundsätze deshalb abzuschwächen, weil der Gläubiger auch Eigentümer oder sonst dinglich Berechtigter ist.[1][2]

Es würden dann die vertraglichen Bestimmungen in der Tat fast illusorisch; die Haftung des Schuldners wäre davon abhängig gemacht, ob der Gläubiger sich auf die Vertragsberedung oder auf sein Eigentum stützte.[3]

Mit Rücksicht hierauf ist unsere Entscheidung gerechtfertigt, daß jedenfalls die Vertragsnormen uneingeschränkt zur Anwendung kommen. Dieses Ergebnis läßt sich wieder so ausdrücken, daß die Bestimmungen über Vertragshaftung leges speciales zu den die Legalhaftung regelnden Normen der §§ 985 ff. sind.[4]

---

falle die aus dem Mietvertrag folgende Ersatzpflicht mit Rücksicht auf seinen Besitz. — Diese Einschränkung rechtfertige sich dadurch, daß er nicht schlechter gestellt werden dürfe, als etwa in dem Falle, wo er die Sache vom Dieb, den er infolge leichter Fahrlässigkeit für den Eigentümer hielt, gekauft und dann in der irrtümlichen Annahme seines Eigentums zerstört habe. — Eine juristische Begründung für diese als Ausnahme von der Regel gedachte Vorschrift gibt Siber nicht. — M. E. entspricht aber das Ergebnis auch nicht dem praktischen Bedürfnis, vielmehr ist m. E. gerade aus Billigkeitsgründen bei der Wahl zwischen der von Siber vorgeschlagenen und der im Gesetz bestimmten Lösung letztere entschieden vorzuziehen; es ist doch wohl die Rechtsposition eines Vertragsgläubigers besser als die eines Bestohlenen.

[1]) Vgl. die Anm. 1 z. S. 65.

[2]) Siber, a. a. O. S. 129, hebt mit Recht hervor, daß dem Nießbraucher gegenüber in der Geltendmachung des besonderen Rückgabeanspruchs notwendig mit enthalten sei die des Anspruchs aus Vindikationsvereitelung, weil gemäß § 1055 I auch zur Begründung jenes Rückgabeanspruchs Berufung auf Eigentum des Klägers erforderlich ist.

[3]) Vgl. Siber, S. 130.

[4]) Damit ist aber nicht gesagt, daß die §§ 985 ff. nun auch leges generales zu den Vertragsnormen sind; ob also hier das Verhältnis von lex specialis zu lex specialis oder von lex specialis zu lex generalis vorliegt, bleibt eine offene Frage. Sie wird dann von Bedeutung, wenn der Legalanspruch über den Vertrags-

Es fragt sich nunmehr, in welchem Verhältnis diese letzteren Normen zu den Deliktsvorschriften stehen. Dabei ist wiederum vorausgesetzt, daß der äußere Vorgang die drei gesetzlichen Tatbestände umfaßt, den im §§ 985 ff. geregelten, den deliktischen und den kontraktlichen.

Hier ist nach folgender Richtung hin zu unterscheiden:

Es ist zunächst der Fall denkbar, daß der die drei Tatbestände enthaltende Vorgang von einem Besitzer ausgeht, der sich durch verbotene Eigenmacht oder durch eine strafbare Handlung den Besitz der Sache verschafft hat; es hat sich z. B. der Mieter durch verbotene Eigenmacht in den Besitz der Mietsache gesetzt und diese dann fahrlässig beschädigt; wegen dieser Sachbeschädigung haftet er, wie oben S. 66 f. ausgeführt ist, kontraktlich; er ist aber auch deliktisch verantwortlich (§ 823 I). Die deliktische Haftung ergibt sich aus der ausdrücklichen Vorschrift des § 992.

§ 992 lautet: „Hat sich der Besitzer durch verbotene Eigenmacht oder durch eine strafbare Handlung den Besitz verschafft, so haftet er dem Eigentümer nach den Vorschriften über den Schadensersatz wegen unerlaubter Handlungen."

Der Wortlaut dieser Vorschrift läßt allerdings eine verschiedene Auslegung zu.[1])

Man kann aus § 992 herauslesen, daß die Vorschriften über die Wirkungen unerlaubter Handlungen ohne weiteres Anwendung finden, wenn die Besitzverschaffung durch verbotene Eigenmacht (oder durch eine strafbare Handlung) erfolgt ist; es kann also nach dieser Auffassung die Deliktshaftung eintreten, wenn nicht einmal den Tatbestandsmerkmalen nach eine unerlaubte Handlung vorliegt.

Insbesondere kann das Tatbestandsmerkmal des Verschul-

---

anspruch hinausgeht; man denke z. B. daran, daß der Vertragsanspruch bereits verjährt, die Verjährung des Legalanspruchs aber noch nicht eingetreten ist. M. E. ist jedenfalls die Norm des § 985, die den dinglichen Anspruch gewährt, lex specialis zu der Vertragsnorm. Dagegen dürften wohl die Bestimmungen der §§ 987 ff., denen zufolge dem Eigentümer bloß ein persönlicher Anspruch zusteht, leges generales sein; konkurrieren also diese Legalansprüche mit Vertragsansprüchen, so sind erstere nur virtueller Natur.

[1]) Vgl. z. folgenden Wolff, Das Recht zum Besitze, S. 27 u. 28.

dens fehlen; denn verbotene Eigenmacht setzt ja kein Verschulden voraus.

Auch würde sich, wenn man der Ansicht folgt, daß es auf das Vorhandensein der Deliktstatbestandsmerkmale nicht ankommt, der Besitzer dem Eigentümer selbst dann nach den Vorschriften über den Schadensersatz wegen unerlaubter Handlungen verantwortlich machen, wenn bei der Ausübung verbotener Eigenmacht das Moment der Widerrechtlichkeit der Eigentumsverletzung fehlt und auch wegen der Widerrechtlichkeit der Besitzverletzung nach aller Regel deliktische Grundsätze nicht zur Anwendung kommen dürfen. — Ein solcher Fall ist z. B. gegeben, wenn der vermietende Eigentümer (vertragswidrig) die Übergabe der Sache verzögert, und der Mieter sie sich deshalb eigenmächtig verschafft. Dieses Verhalten des Mieters ist nicht als eine widerrechtliche Verletzung des Eigentums zu qualifizieren, weil das aus der Miete folgende Recht zum Besitz die Widerrechtlichkeit der Eigentumsverletzung ausschließt: verbotene Eigenmacht ist widerrechtliche Besitzverletzung, braucht aber nicht zugleich widerrechtliche Eigentumsverletzung zu sein. Hierauf kann daher die Anwendung deliktischer Grundsätze nicht gestützt werden. — Sie darf aber auch nicht damit begründet werden, daß es sich um widerrechtliche Besitzverletzung handelt; denn die an die widerrechtliche Besitzverletzung geknüpften Ansprüche werden selbständig und erschöpfend durch die §§ 861 ff. geregelt: diese Vorschriften schließen als leges speciales die Deliktsvorschriften aus.[1])

Es kann demnach der vermietende Eigentümer und frühere Besitzer vor Ablauf der Mietzeit den Besitz nur dadurch wiedererlangen,[2]) daß er den durch § 861 gewährten Anspruch auf Wiedereinräumung geltend macht; mit dem Ablauf eines Jahres nach Verübung der verbotenen Eigenmacht ist dieser Anspruch erloschen — kraft der ausdrücklichen Vorschrift des § 864 I — Es ist damit dem vermietenden Eigentümer und früheren Besitzer jegliche Möglichkeit, vor Ablauf der Mietzeit den Besitz wiederzuerlangen, genommen.

Würde man nun den § 992 dahin auslegen, daß lediglich

---

[1]) Wolff, a. a. O. S. 28.

[2]) Abgesehen von der Selbsthilfe (§ 859).

die Tatsache der Besitzverschaffung die Wirkungen unerlaubter Handlungen hervorbrächte, so wären diese Rechtsfolgen an ein Verhalten geknüpft, welches weder schuldhaft, noch eine widerrechtliche Eigentumsverletzung, noch eine Deliktsgrundsätzen zu subsumierende Besitzverletzung zu sein brauchte.

Dann wäre durch § 992 eine außergewöhnliche, aus dem Rahmen des Systems unserer Deliktshaftung fallende Ausnahme statuiert; es würde insbesondere auch § 864 I sinnlos sein, da das Erlöschen des Wiedereinräumungsanspruchs eines praktischen Rechtseffekts entbehren würde.[1])

Es würde einer Auffassung gesetzliche Sanktion verliehen, die jedenfalls vom Standpunkte der sonst in unserem Bürgerlichen Gesetzbuche zum Ausdruck gebrachten Interessenbewertung offenbar unbillig ist.

Denn der Mieter wäre nicht bloß noch nach dem Erlöschen des Wiedereinräumungsanspruchs (§ 864 I) zur Wiederverschaffung, d. h. also zur Herausgabe der Sache verpflichtet, sondern auch für den während seiner Mietzeit eintretenden zufälligen Besitzverlust schadensersatzpflichtig.[2])

Wollte der Gesetzgeber wirklich eine solche Ausnahme machen, so würde er seinen Willen mit zweifelsfreier Deutlichkeit zum Ausdruck gebracht haben; aus der verschiedene Deutungen zulassenden Vorschrift des § 992 geht dieser Wille jedenfalls nicht mit Sicherheit hervor.

Es ist deshalb eine andere Auslegung vorzuziehen:

Die Vorschrift des § 992 besagt, nicht daß schlechtweg an die Tatsache der Besitzverschaffung durch verbotene Eigenmacht oder durch eine strafbare Handlung die Wirkungen unerlaubter Handlungen geknüpft sind, sondern, daß bei Vorliegen dieses Aktes eine dem gesetzlichen Tatbestande nach vorhandene unerlaubte Handlung — (die schon in dem Besitzverschaffungsakt mit enthalten sein kann, aber nicht zu sein braucht) — auch unter die deliktischen Normen fällt. Sie kommen als leges speciales zu den §§ 985 ff. uneingeschränkt zur Anwendung.[3])

Es kann also beim Vorliegen der Voraussetzungen des

---

[1]) Wolff, a. a. O. S. 28.

[2]) Wolff, a. a. O. S. 28 N. 4.

[3]) A. M. Siber, S. 122.

§ 992 von einem modifizierenden Einfluß des Besitzes, welcher die Reellität des deliktischen Anspruchs berühren könnte, nicht die Rede sein.

Des weiteren erhebt sich nun die Frage, ob sich ein solcher Einfluß geltend machen kann, wenn es an den Voraussetzungen des § 992 mangelt, wenn also, um die Hauptmasse der Fälle zu bezeichnen, der Gläubiger den Besitz der Sache, deren Eigentümer er ist, dem Schuldner überlassen hat.[1])

Hier ist zunächst der Fall zu behandeln, daß der äußere Vorgang neben dem Tatbestand der Vertrags- und Eigentumsverletzung (§§ 985 ff.) den Tatbestand des § 823 I enthält, sodann daß er den des § 826, endlich daß er den des § 823 II umfaßt.

Der erst Fall (der des § 823 I) mag durch das Beispiel veranschaulicht werden, daß sich der Verwahrer, dem der Besitz der Sache zur Aufbewahrung überlassen ist, infolge geringer Fahrlässigkeit für den Mieter der Sache hält und nun in diesem schuldhaften Irrtum, er sei Mieter, durch den vom Standpunkte eines Mieters ordnungsmäßigen Gebrauch die Sache abnutzt.[2])

Zweifellos liegt hier, abgesehen von der Vertragsverletzung, der Tatbestand des § 823 I vor; es handelt sich um fahrlässige und rechtswidrige Verletzung fremden Eigentums.

Der Vorgang fällt aber auch unter die §§ 985 ff.

Nach diesen Vorschriften steht dem Eigentümer kein Anspruch gegen den Besitzer zu; denn dieser ist im guten Glauben gewesen; er ist redlicher Besitzer. Es haftet aber dem Eigentümer bloß der unredliche Besitzer oder der redliche nach Eintritt der Rechtshängigkeit (§§ 989, 990).

Diese die Haftung des redlichen Besitzers ausschließenden Bestimmungen würden nun illusorisch, wenn daneben noch der Deliktsanspruch zulässig wäre: der redliche Besitzer, der nach den §§ 985 ff. eine bevorzugte Stellung genießen soll, ginge durch die Anwendung des § 823 I dieses Privilegs wieder verlustig.

Es muß deshalb § 823 I außer Anwendung bleiben; er ist die lex specialis zu den §§ 987 ff.: „Letztere Bestimmungen regeln

---

[1]) Man denke ferner an den Fall des sine vitio in possessionem venire, z. B. der von mir gemietete, mir aber noch nicht überlassene Hund läuft mir zu.

[2]) Vgl. Siber, S. 118 ff. — Warum hier ein so äußerst verwickelter Fall gewählt ist, wird später S. 74 ff. deutlich.

selbständig und erschöpfend — unter Ausschluß der deliktischen Vorschriften — Voraussetzung und Umfang der Schadensersatzpflicht des Besitzers dem Eigentümer gegenüber. Der Grund für diese besondere Regelung ergibt sich daraus, daß die Anwendung der Vorschriften über den Schadensersatz wegen unerlaubter Handlungen zu einer der Rücksicht auf den Besitzer widerstreitenden Überspannung des Eigentumsschutzes führen würde."[1])

Diese Ausschließung der deliktischen Haftung entspricht, wie gezeigt ist, schon dem offenbaren Willen des Gesetzes.

Es erhält diese Ansicht aber auch eine Stütze in dem aus § 992 entnommenen argumentum e contrario.

Es kann nämlich, wie oben S. 68 ff. gezeigt worden ist, der Sinn des § 992 nur dahin gehen, daß bei einer dem gesetzlichen Tatbestande nach vorhandenen unerlaubten Handlung die deliktischen Rechtsfolgen auch für einen Besitzer uneingeschränkt eintreten unter der Voraussetzung, daß der Besitzverschaffungsakt durch verbotene Eigenmacht oder durch eine strafbare Handlung erfolgt ist.

Geht man von dieser Auslegung aus, so läßt sich aus § 992 folgern (argumentum e contrario), daß beim Fehlen dieser Voraussetzung die deliktischen Normen ausgeschlossen sind und zwar durch die in den §§ 987 ff. gewährten Haftungsprivilegien. Der im § 992 näher bezeichnete Besitzverschaffungsakt ist also die Voraussetzung, unter der die Bestimmung des § 823 I, welche im Verhältnis zu §§ 985 ff. lex generalis ist, wieder zur lex specialis wird; während für den Delinquenten, welcher Besitzer ist, die Ausnahme gilt, daß er nur nach den Vorschriften der §§ 987 ff. verantwortlich ist, also nicht auch nach deliktischen Grundsätzen, wird im Falle des § 992 von dieser Ausnahme die Rückausnahme gebildet, d. h. es werden die Vorschriften über unerlaubte Handlungen wieder uneingeschränkt zur Anwendung gebracht; hier kann sich der Besitzer darauf, daß er Besitzer und der andere Eigentümer ist, nicht berufen.

Wenn z. B. ein Besitzer, dem der Besitz der Sache vom Eigen-

---

[1]) Vgl. Planck III, S. 254, Erl. zu §§ 987—993.

tümer überlassen ist, sich infolge leichter Fahrlässigkeit für den Eigentümer hält und in diesem Irrtum die Sache zerstört, so ist er dann nicht deliktisch verantwortlich,[1]) wenn ihm der Besitz der Sache vom Eigentümer überlassen ist; deliktische Verantwortlichkeit tritt vielmehr nur dann ein, wenn er sich die Sache durch verbotene Eigenmacht verschafft hat.[2])

Mit dieser Auslegung der Vorschrift des § 992 kommt man allein zu vernünftigen Ergebnissen.

Auch § 993 I b wird von manchen Schriftstellern als schlagendes Argument für die Ansicht angeführt, daß beim Fehlen der Voraussetzungen des § 992 die Anwendung deliktischer Normen überhaupt nicht in Frage komme. Auf den ersten Blick scheint auch der bloße Wortlaut des § 993 I b jeden Zweifel zu beseitigen. Es heißt nämlich dort, daß, „wenn die in den §§ 987 bis 992 bezeichneten Voraussetzungen nicht vorliegen, der Besitzer nicht zum Schadensersatze verpflichtet ist". M. E. ist aber aus diesem Satze mit Sicherheit nur zu entnehmen, daß ein Schadensersatzanspruch nach den Vorschriften über die Ansprüche aus dem Eigentume (§ 987 ff.) nicht gewährt ist. Ob damit aber auch gleichzeitig der Ausschluß des Deliktsanspruchs ausgesprochen sein soll, ist eine andere Frage. — Denn daß nicht schlechtweg jeder Anspruch entfällt, ist bereits oben S. 66 f. gezeigt: der Vertragsanspruch bleibt unter allen Umständen als ein reeller bestehen. — Nur der Umstand, daß der unmittelbar vorhergehende Paragraph (§ 992) über den Deliktsanspruch handelt und daß die Vorschrift des § 993 ausdrücklich hierauf Bezug nimmt, legt es nahe anzunehmen, daß letztere auch den Ausschluß deliktischer Haftung statuieren will. Insofern kann

---

[1]) Vgl. oben S. 71 u. unten S. 82 Anm. 2b.

[2]) Mit der hier besprochenen ist nicht zu verwechseln die Frage, ob zur Anwendung der §§ 823 ff. schon bei Verübung der verbotenen Eigenmacht selber den Täter ein Verschulden treffen müsse. Z. B. jemand glaubt leicht fahrlässig, Eigentümer zu sein, hält aber ohne jedes Verschulden den Besitzer mit der Besitzentziehung einverstanden. In den Protokollen III S. 348 ist die Meinung vertreten, es folge aus der Anwendung der Vorschriften über unerlaubte Handlungen, daß die Verpflichtung zum Schadensersatze nur eintrete, wenn der Täter gewußt habe oder habe wissen müssen, daß er unerlaubte Eigenmacht begehe.

. So mit Recht auch Planck, Erl. zu § 992, 2a; Biermann zu § 992; Wolff, a. a. O. S. 28 Note 1; vgl. auch Dernburg III, § 22 Nr. 7 (S. 69). Zweifelnd Cosack II, S. 166.

auch § 993 Ib als Bestätigung der oben näher begründeten Ansicht gelten.

Das wichtige Ergebnis ist also, daß die Tatsache des Besitzes einen Einfluß auf die Haftung auszuüben in der Lage ist.

Dieser Einfluß bezieht sich nicht auf die Vertragshaftung, d. h. nicht auf die Ansprüche aus der Vertragsverletzung; diese kommen vielmehr uneingeschränkt zur Anwendung. Es scheidet aber die Deliktshaftung vollkommen aus.

Es erzeugt also eine und dieselbe Handlung, welche die Tatbestandsmerkmale einer Vertragsverletzung, die des § 823 I und die der §§ 987 ff. umfaßt, nur reelle Ansprüche aus dem Vertrage, nicht auch aus der unerlaubten Handlung:[1]) § 823 I ist im Verhältnis zu den Vorschriften der §§ 987 ff. die lex generalis.[2])

§ 9.

Das Ergebnis bedarf noch einer näheren Untersuchung:

Zunächst nach der Richtung, ob der Ausschluß der deliktischen Haftung bei jedem die Tatbestandsmerkmale des § 823 I umfassenden Verhalten gegeben ist, oder ob gewisse Handlungen von dem Haftungsprivileg ausgenommen sind.

Es ist zu unterscheiden einerseits zwischen dem Verhalten, welches dem — wenn auch nicht tatsächlich zustehenden — so doch vermeintlichen Rechte entspricht, andererseits zwischen dem Verhalten, das sich in Widerspruch zu dem Rechte setzt, sei es dem vermeintlichen, sei es dem zutreffend erkannten.

---

[1]) Ob auch ein Legalanspruch zur Entstehung gelangt, darüber vgl. oben S. 67 Anm. 4.

[2]) Das Ergebnis beruht auf folgender Argumentation: Die Vertragsansprüche bleiben von den Bestimmungen der §§ 987 ff. unberührt. §§ 987 ff. schließen die Anwendbarkeit der Deliktsvorschriften aus. Also: Es bleiben die Vertragsansprüche und es fällt jedenfalls der Deliktsanspruch fort. — Logisch möglich ist auch folgender Schluß: Die §§ 987 ff. schließen zwar die Anwendbarkeit der Deliktsvorschriften aus. Die Vertragsansprüche erweisen sich aber noch stärker als die in §§ 987 ff. gewährten Legalansprüche. Also: Es nimmt die Vertragsnorm den §§ 987 ff. auch den Einfluß auf die Deliktsnorm; es kommt demnach die Vertragsnorm und die Deliktsnorm zur Anwendung. Daß dieser Schluß sachlich unzutreffend ist, ergibt sich insbesondere auch aus den Erwägungen auf S. 71 ff. — Auch werden damit, wie das unten S. 82 Anm. 2c erwähnte Beispiel lehrt, die Schwierigkeiten nicht geringer.

Diese Scheidung bei der Untersuchung vorzunehmen, rechtfertigt sich durch die Erwägung, daß bei der ersten Gruppe von Fällen unser Rechtsgefühl dem die Deliktshaftung ausschließenden Privileg ohne weiteres zustimmt, während bei der zweiten Gruppe die Verneinung der deliktischen Verantwortlichkeit auffällig erscheint.

In der Literatur unterbleibt diese Trennung fast regelmäßig; man wird im Zweifel darüber gelassen, ob auch bei der letzteren Gruppe das Privileg gilt.[1])

Zur ersten Gruppe gehört zunächst folgender Fall:

Es steht dem Besitzer zwar ein Recht in bezug auf die Sache zu, aber ein Recht geringeren Inhalts; es zerstört z. B. der Mieter die Mietsache, für deren Eigentümer er sich fahrlässigerweise hält; er haftet hier dem vermietenden Eigentümer ausschließlich wegen der Vertragsverletzung, nicht aber wegen des Delikts (§ 823 I) und auch nicht wegen der Vindikationsvereitelung (§§ 987 ff.).

Dieses Haftungsprivileg ist aber nicht beschränkt auf einen Besitzer, der sich für den Eigentümer oder den Eigenbesitzer hält; der Ausschluß deliktischer Verantwortlichkeit bezieht sich auch auf den Fremdbesitzer.

Hält sich also ein Verwahrer infolge leichter Fahrlässigkeit für den Mieter der Sache und verschlechtert er diese durch eine vom Standpunkte eines Mieters ordnungsmäßige Abnutzung, so haftet er nur aus dem Verwahrungsvertrag, nicht aus dem Delikt.

Den bisher besprochenen Beispielen war gemeinsam, daß das Verhalten des Besitzers seinem Rechte **entsprach,** wenn auch dieses Recht immer nur ein vermeintliches war.

Es sind nunmehr die Fälle zu untersuchen, in denen die Handlungen des Besitzers sich in **Widerspruch** zu seinem Rechte stellen.

Es kann die Sache so liegen, daß dem Besitzer zwar ein

---

[1]) Typisch in dieser Beziehung Planck III in den Vorbem. zu §§ 987—993. Die dort gewählten Beispiele beziehen sich offenbar immer bloß auf die erste Gruppe, während über die rechtliche Beurteilung der zweiten Gruppe überhaupt gar nichts gesagt wird. — Diese sonderbare Behandlung ist möglicherweise durch eine zu enge Anlehnung an die Motive entstanden, bei denen zur Trennung der beiden Gruppen jegliche Veranlassung fehlte. Vgl. unten S. 80 insbes. Anm. 2.

Recht zum Besitze zusteht, aber nur ein Recht geringeren Inhalts.

Es läßt sich zunächst der Fall so denken, daß der Besitzer fahrlässigerweise an ein anderes Recht größeren Inhalts glaubt. Sein Verhalten setzt sich aber in Widerspruch auch zu diesem vermeintlichen und damit von selber zu dem ihm tatsächlich zustehenden Rechte. — Es hält sich z. B. der Besitzer, dessen Recht zum Besitze auf dem Verwahrungsvertrag beruht, schuldhafterweise für den Mieter der Sache; er beschädigt diese nun beim Gebrauch grobfahrlässig.

Es kann sich aber auch darum handeln, daß der Besitzer von dem ihm zustehenden Rechte die zutreffende Vorstellung hat. Dann läuft das Verhalten dem Rechte und auch der Vorstellung von dem Rechte, die aber hier der tatsächlichen Rechtslage entspricht, zuwider. — Es zerstört z. B. der Besitzer, welcher die Sache auf Grund seines Mietrechts besitzt und der auch von der zutreffenden Voraussetzung ausgeht, Mieter zu sein, die Sache grob fahrlässig.

Hätte sich der Mieter oder in dem ersteren Falle, hätte sich der Verwahrer statt für den Mieter für den Eigentümer der Sache angesehen, so würde sein Verhalten seinem Rechte entsprochen haben, wenn dieses Recht auch nur ein vermeintliches war. Er würde daher für die vom Standpunkte der Miete grobfahrlässigen Handlungen [1]) weder aus dem Delikte noch aus der Legalobligation verantwortlich sein.

Die nämlichen Handlungen des Besitzers stehen aber in Widerspruch mit seinem Rechte (dem vermeintlichen oder auch zutreffend erkannten), wenn diese opinio dominii fehlt, wenn sich also, um bei den gewählten Beispielen zu bleiben, der Verwahrer für den Mieter hält, oder wenn dem Mieter bekannt ist, daß ihm ein Recht größeren Inhalts nicht zusteht.

Es fragt sich, ob auch in Fällen solcher Art die Verantwortlichkeit des Besitzers ausgeschlossen ist, oder ob hier eine wesentlich andere rechtliche Beurteilung eingreift?

Wollte man auch hier eine Haftung des Besitzers verneinen,

---

[1]) Die Handlungen sind vom Standpunkte eines Besitzers, der sich leicht fahrlässig für den Eigentümer hält, stets nur leicht fahrlässig (!), mag er nun die Sache absichtlich oder aus Versehen zerstören.

so würde man diesem ein ganz eigenartiges von unserem Rechtsgefühl nicht getragenes Privileg einräumen.

Man sieht sich deshalb veranlaßt, einen Ausweg zu suchen, um dieses Ergebnis zu vermeiden.

Aussichtslos ist es von vornherein, die Schwierigkeit dadurch zu lösen und das gewünschte Resultat dadurch herbeizuführen, daß man den Besitzer dem Eigentümer gegenüber deliktisch verantwortlich macht.

Denn die Deliktshaftung ist, wie oben ausgeführt wurde, prinzipiell ausgeschlossen und zwar für jeden Besitzer, nicht bloß für den redlichen, sondern auch für den unredlichen, nicht bloß für den Eigen-, sondern auch für den Fremdbesitzer.[1])

Eine Ausnahme wird aber auch nicht für den Besitzer gemacht, welcher durch ein seinem vermeintlichen Rechte widersprechendes Verhalten fremdes Eigentum verletzt. Aus dem Gesetze läßt sich überhaupt nicht eine solche Unterscheidung zwischen entsprechendem und widersprechendem Verhalten ableiten. Zu solcher Annahme fehlt es an jeglichem Anhalt.

Des weiteren ist zu untersuchen, ob vielleicht auf Grund der besonderen Legalhaftung eine Verantwortlichkeit des Besitzers eintritt.[2])

Die Legalhaftung trifft — abgesehen von den Fällen der Rechtshängigkeit (§ 989) — bloß den unredlichen Besitzer; er ist verantwortlich, wenn er durch ein Verhalten, welches dem ihm tatsächlich zustehenden Rechte widerspricht, schuldhafterweise fremdes Eigentum verletzt (§§ 989, 990). — Dagegen kommt auch die Legalhaftung für den redlichen Besitzer nicht in Betracht.

Es fragt sich also, wie sich der redliche vom unredlichen Besitzer unterscheidet: je geringer die Voraussetzungen sind, damit Unredlichkeit eintritt, um so geringer sind auch die Härten, die infolge des Wegfalls der Deliktshaftung vorzuliegen scheinen; diese wird nämlich dann durch die Legalhaftung ersetzt.[3])

---

[1]) Vgl. oben insbes. S. 71 ff.

[2]) Es wird im folgenden gezeigt werden, daß in den hier in Frage stehenden Fällen nicht einmal dem Tatbestande nach die Bestimmung des § 990 vorliegt, welche die Legalhaftung gewährt. Es kann daher auch hier unentschieden bleiben, ob der gesetzliche Anspruch des § 990 mit Rücksicht auf den Vertragsanspruch ein virtueller ist.

[3]) Immer unter der Voraussetzung, daß es sich um reelle Ansprüche handelt. Vgl. oben Anm. 2.

Es folgt unmittelbar aus § 989, daß Legalhaftung eintritt, wenn der Besitzer beim Erwerb des Besitzes nicht in gutem Glauben ist, oder wenn er später erfährt, daß er zum Besitze nicht berechtigt ist; nicht in gutem Glauben ist aber der Besitzer, wenn ihm bekannt oder infolge grober Fahrlässigkeit — etwas — unbekannt ist (§ 932 II).

Über diese Punkte herrscht Einigkeit, verschieden in der Literatur wird nur die Frage beantwortet, auf welchen Umstand sich denn die Kenntnis (bzw. die grobfahrlässige Unkenntnis) beziehen soll?

Nach Eck[1]) ist es das fremde Recht.

Geht man von dieser Definition aus, so ist der Mieter, welcher sich nicht für den Eigentümer hält, der also um das fremde Recht weiß, als ein unredlicher Besitzer zu qualifizieren; wenn er also die Mietsache leicht fahrlässig beschädigt, so haftet er in dem durch § 989 bestimmten Umfange. — Von einem Verwahrer, welcher sich, ohne daß ihm grobe Fahrlässigkeit zur Last fällt, für den Mieter hält und im Rahmen dieses vermeintlichen Rechts die Sache durch ordnungsmäßigen Gebrauch abnutzt und dabei verschlechtert, läßt sich vielleicht im Sinne Ecks sagen, daß er das fremde Recht, das Recht des hinterlegenden Eigentümers auf Nichtgebrauch, auf Nichtabnutzung leicht fahrlässig verkannte und deshalb in dieser Hinsicht als redlicher Besitzer zu bezeichnen ist.

Beschädigt aber ein solcher vermeintlicher Mieter während des Gebrauchs schuldhaft die Sache, so tut er dies, wissend um das fremde Recht auf Nichtbeschädigung; insofern muß er also als ein unredlicher Besitzer bezeichnet werden.

Führt diese Interpretation zu einem annehmbaren Ergebnis und beseitigt sie geradezu die Schwierigkeiten, so steht ihr doch Wortlaut und Sinn unseres Gesetzes entgegen — ganz abgesehen davon, daß sie an großer Künstlichkeit leidet.

Denn das Gesetz stellt alles auf die Kenntnis (bzw. die auf grober Fahrlässigkeit beruhende Unkenntnis) des Umstandes ab,

---

[1]) Vgl. Eck, Vorträge Bd. II, S. 166: „Es ist zu erinnern, daß Mangel des guten Glaubens vorliegt, wenn der Beklagte um das fremde Recht wußte oder es grob fahrlässig verkannte; und daß auch nachträgliches Erfahren, d. h. Wissen, den Satz: mala fides superveniens nocet, begründet."

daß der Besitzer dem Eigentümer gegenüber nicht zum Besitze berechtigt sei (§ 989 Ib).

Dahin geht auch die herrschende Meinung.[1] [2]) Entscheidend ist nicht die Kenntnis des fremden Rechts, sondern die Kenntnis der Nichtberechtigung zum Besitze.

Was nun unter Nichtberechtigung „zum Besitze" zu verstehen ist, darf zwar nach der Richtung hin einer Untersuchung unterzogen werden, ob damit unmittelbarer oder mittelbarer, vielleicht auch ob Eigenbesitz oder Fremdbesitz gemeint sei.

Dagegen widerspricht es der in unserem Gesetzbuch streng durchgeführten Terminologie, auch noch nach anderer Richtung hin Deutungen zu versuchen; man kann insbesondere nicht an einen Besitz von wechselnder Art, wechselndem Umfang, wechselndem Inhalte denken; man darf nicht den § 990 Ib: „Erfährt der Besitzer später, daß er nicht berechtigt ist „zum Besitze", bald ergänzen „zum Mietbesitze", bald „zum Pachtbesitze", bald „zum Verwahrungsbesitze", bald „zum Eigenbesitze" usw.[3])

---

[1]) Z. B. Planck III, Erl. zu § 990 (S. 259/60); Biermann, Sachenrecht, Bem. zu § 990. — Sie heben mit Recht hervor, daß in Fällen, wo der Besitzer sein Recht zum Besitze von einem mittelbaren Besitzer ableitet, der gute Glaube des unmittelbaren Besitzers davon abhängt, daß der mittelbare Besitzer dem Eigentümer gegenüber zum Besitze berechtigt, oder daß der unmittelbare Besitzer hinsichtlich dieser Berechtigung des mittelbaren Besitzers in gutem Glauben ist.

[2]) Eine dritte Definition des Begriffs des „guten Glaubens" findet sich bei Hellwig in seinem Lehrbuche S. 265 N. 52. Unter Berufung auf § 932 erscheint ihm zum Begriffe eines schlechtgläubigen Besitzers ausreichend, daß der Besitzer bei der Besitzerlangung wußte oder infolge lata culpa nicht wußte, daß der Gläubiger (Vermieter) nicht der Eigentümer war, oder daß er letzteres nachträglich erfuhr. -- Hellwig übersieht, daß der zur Begründung seiner Ansicht angezogene § 932 den guten Glauben lediglich im Hinblick auf § 929 definiert. — Der Begriff des guten Glaubens ist aber immer entsprechend zu bestimmen, soweit es sich nicht um § 929 handelt. So kommt es z. B. bei der Ersitzung nicht auf die Kenntnis usw. an, daß die Sache nicht dem Veräußerer gehört, sondern lediglich darauf, daß dem Erwerber das Eigentum nicht zusteht. In gleicher Weise ist daher auch § 990 dahin zu verstehen, daß es auf die Berechtigung zum Besitze, nicht auf das Eigentum dessen, der den Besitz überläßt, ankommt. Nur so erklärt es sich auch, daß die Charakterisierung des nachträglich eintretenden schlechten Glaubens mit den Worten erfolgt: „Erfährt der Besitzer später, daß er zum Besitz nicht berechtigt ist," aber nicht: „Daß der, von dem er sein Recht zum Besitz ableitet, nicht der Eigentümer war." Vgl. Planck III (Erl. 2 a β zu § 990 u. Erl. 2 b α zu § 937).

[3]) S. oben Seite 78.

Der Ausdruck zum Besitze läßt vielmehr nur eine eindeutige Erklärung zu.

Es müssen daher alle Versuche als gescheitert angesehen werden, aus § 823 I oder aus den Normen über die Legalobligation den Besitzer haften zu lassen, welcher durch ein dem vermeintlichen oder auch dem zutreffend erkannten Rechte zum Besitze widersprechendes Verhalten fremdes Eigentum schuldhafterweise verletzt.[1])

Zum Verständnisse dieses eigenartigen Ergebnisses führt uns nur die Entstehungsgeschichte.

Im Entwurf I ist unter dem Besitzer bloß der Eigenbesitzer verstanden; das ist auch der Standpunkt der Motive; sie legen ihren Ausführungen diesen Besitzbegriff zugrunde.[2]) Da fehlt es also an Schwierigkeiten.

Der Entwurf II enthält nun die wesentliche Verschiedenheit, daß unter dem Besitzer auch der Fremdbesitzer zu verstehen ist.

Der Notwendigkeit, dieser Veränderung des Besitzbegriffs Rechnung zu tragen, war man sich vollkommen bewußt. Es wurden eine Reihe Anträge gestellt,[3]) um die unter dem neuen Gesichtspunkt auftauchenden Schwierigkeiten zu lösen; unter anderem kam auch folgende Definition des unredlichen Besitzers in Vorschlag: „Ein Eigenbesitzer, dem beim Erwerb des Eigenbesitzes bekannt oder nur infolge grober Fahrlässigkeit unbekannt war, daß er nicht berechtigt ist, die Sache als ihm gehörig zu besitzen (unredlicher Besitzer).“ [4])

---

[1]) Ist der Gläubiger nicht der Eigentümer, leitet vielmehr der Schuldner das Recht zum Besitze von einem anderen mittelbaren Besitzer ab, so greift § 991 II ein. Der unmittelbare Besitzer hat, auch wenn er in gutem Glauben ist, den im § 989 bezeichneten Schaden dem Eigentümer gegenüber insoweit zu vertreten, als er (der unmittelbare) dem mittelbaren Besitzer haftet. Hat der unmittelbare Besitzer z. B. die Sache unentgeltlich in Verwahrung genommen, und verletzt er während dieser Zeit das Eigentum leicht fahrlässig, so ist er weder seinem Hinterleger noch dem Eigentümer gegenüber verantwortlich. Beschädigt er dagegen die Sache grob fahrlässig, so haftet er seinem Gläubiger lediglich auf Grund des Verwahrungsvertrages und in gleichem Umfange dem Eigentümer kraft der ausdrücklichen Vorschrift des § 991 II.

[2]) Die Motive sind deshalb mit doppelter Vorsicht zu benutzen; vgl. insbes. Motive III S. 394 f. S. 402 f.

[3]) Vgl. Prot. III S. 336—349, S. 372 Anm.

[4]) Prot. III S. 336 u. Anm. 1.

Doch entschied man sich, nachdem dieser Vorschlag zurückgenommen war, daß zur Anwendung der die Haftung beschränkenden Bestimmungen nicht vermeintlicher Eigenbesitz erforderlich sei, sondern daß schon vermeintliche Berechtigung zum Besitz genüge.[1])

Das schließliche Ergebnis, bis zu dem sich die Verhandlungen verfolgen lassen, ist die Annahme eines Antrags 8 a, b und c (Prot. III S. 346 f.).

Im Antrag 8 wird auf §§ 929 a, 929 b [2]) der Vorl. Zus. Bezug genommen. Diese Paragraphen entsprechen den §§ 987, 989, 990, 991 unseres Gesetzes.

Als Prinzip wird hier aufgestellt und als Prinzip bezeichnet, daß die Deliktshaftung ausgeschlossen sei.[3])

Als Ausnahme von diesem Prinzip wird aber bestimmt, daß eine Haftung aus unerlaubter Handlung dann eintreten solle, wenn der Besitzer, der die Sache nicht als Eigentümer besitze, die Beschädigung verschuldet habe.[4])

Dementsprechend lautet der Antrag 8 unter b) (Prot. III S. 346):

Absatz I: „Der Besitzer, gegen den die Voraussetzungen der §§ 929 a, 929 b nicht vorliegen, hat dem Eigentümer weder die Nutzungen herauszugeben, noch Schadenersatz zu leisten."

Absatz II: „Die Haftung eines Besitzers, der nicht Eigentümer ist, wegen verschuldeter Beschädigung der Sache bleibt unberührt."

Diese im Antrag 8 unter a b Absatz I und c (bzw. 929 a, 929 b der Vorl. Zus.) festgelegten Bestimmungen sind der Sache und dem Wortlaut nach (mit nur unwesentlichen Änderungen) Gesetz geworden.

Namentlich hat auch das Prinzip des Ausschlusses der Deliktshaftung in § 993 I b Aufnahme gefunden.

Doch forscht man vergebens nach der im Antrag 8 unter b Absatz II vorgeschlagenen lex — nach der Ausnahme von dem Prinzip. Der Satz, der diese zum Ausdruck bringt, ist in

[1]) Prot. III S. 341.

[2]) §§ 929 a, 929 b sind abgedruckt Prot. III S. 372 in der Anm.

[3]) u. [4]) Prot. III S. 347.

unserem BGB. fortgeblieben. Es bleibt schließlich nichts anderes übrig als anzunehmen, **dafs diese lex vergessen sei.**[1])

Diese lex nachträglich durch Interpretation wieder hineinzufügen, verbietet sich deshalb, weil sich diese Norm sachlich als eine Ausnahme von einem Prinzip charakterisiert, und ein anderer Ausnahmesatz, welcher zur Analogie dienen könnte, überhaupt nicht vorhanden ist.

Das Resultat mag vielleicht höchst unbefriedigend scheinen;[2]) es ist aber de lege lata nach dem zweifelsfreien Wortlaute und auch nach einer sinngemäßen Auslegung, die sich fern von wohlgemeinter Willkür hält, das einzig mögliche.[3]) Der Einfluß des

---

[1]) Es mögen die noch durch die Veränderung des Besitzbegriffs gesteigerten Schwierigkeiten und Verwicklungen zu diesem Versehen beigetragen haben. Vgl. oben S. 80.

[2]) a) Es ist aber zunächst zu berücksichtigen, daß die Deliktshaftung bloß wegfällt, wenn das Verhalten die Tatbestandsmerkmale des § 823 I umfaßt, nicht auch, wenn der Tatbestand der §§ 823 II, 826 vorliegt. Näheres unten S. 85 ff. — Der Ausschluß der Haftung nach § 823 I führt in den bei weitem häufigsten Fällen (wenn der Besitzer auch aus dem Vertrage verantwortlich ist) zu sehr brauchbaren Resultaten. Näheres unten S. 89 ff.

b) Auch mag hier zur „sachlichen" Rechtfertigung der vom Gesetz tatsächlich getroffenen Entscheidung an den Grundsatz „Hand wahre Hand" erinnert werden. Auch bei diesem spielt die freiwillige Besitzentäußerung, das Vertrauen auf den Schuldner und nicht zum wenigsten der Umstand, daß der Gläubiger kraft des mit dem Schuldner geschlossenen obligatorischen Vertrags genügenden Ersatz für den Verlust seines Eigentumsanspruches findet, eine wichtige Rolle. — Deshalb gelten auch ganz andere Grundsätze bei dem unfreiwilligen Besitzverlust, dem „Abhandenkommen" der Sache, wo es also an einem solchen Vertrage, einem solchen Vertrauensausdrucke fehlt. In analoger Weite trifft nun das Gesetz eine Unterscheidung auch in dem Falle, wo ein Besitzer einen deliktischen Tatbestand erfüllt; der Besitzer ist hier dem Eigentümer nach den Vorschriften über den Schadensersatz wegen unerlaubter Handlungen nur dann verantwortlich, wenn die Besitzentäußerung des früheren Besitzers unfreiwillig gewesen ist (§ 992)), andernfalls ist er von deliktischer Haftung frei.

c) Den Eindruck, daß es sich um eine vergessene lex handelt, hat man aber vor allem dann, wenn auch von einer Vertragshaftung nicht die Rede sein kann, wenn sich z. B. jemand auf Grund eines nichtigen Mietvertrages für den Mieter hält, ohne daß ihm bei dieser Annahme grobe Fahrlässigkeit zur Last fällt, und er nun beim Gebrauche die Mietsache grobfahrlässig zerstört, d. h. also durch ein auch seinem vermeintlichen Rechte widersprechendes Verhalten. Hier tritt weder Delikts-, noch Vertrags-, noch Legalhaftung ein — ein, wie mir scheint, unbilliges Resultat; wie es zu vermeiden ist, bleibt ein interessantes Problem.

[3]) Ausdrücklich ausgesprochen ist diese hier vertretene Ansicht von Hellwig, Lehrb. S. 265, bes. bei Note 48 und auch von Dernburg III S. 354 Ba:

Besitzes auf die deliktische Haftung ist nicht davon abhängig, daß das Verhalten des Besitzers seinem vermeintlichen Rechte entspricht; auch wenn es sich in Widerspruch zu dem vermeintlichen oder dem zutreffend erkannten Rechte stellt, ist eine deliktische Verantwortlichkeit ausgeschlossen. Das ist — vielleicht nicht der Wille der Gesetzgeber, aber — der Wille des Gesetzes.

§ 10.

Selbstverständlich bezieht sich der Einfluß bloß auf die im Besitz gewesene Sache, also auf den Schaden, welcher durch Vereitelung der Herausgabe oder der ungeminderten Herausgabe gerade dieser Sache entsteht.

Stehen aber Verletzungen anderer Rechtsgüter durch die das Haftungsprivileg genießende Sache in Frage, man denke insbesondere an Fälle positiver Vertragsverletzung, so ist selbstverständlich der Anwendung deliktischer Grundsätze keine Schranke gesetzt.

Es wird z. B. durch Fahrlässigkeit des Mieters während seiner Besitzzeit das im Eigentum des Vermieters stehende Pferd mit einer ansteckenden Krankheit behaftet, und nun entsteht nach Rückgabe des Pferdes im Stalle des Vermieters ein allgemeines Viehsterben; für den durch den Untergang aller Tiere eintretenden Schaden muß der Mieter selbstverständlich zunächst nach Vertragsgrundsätzen einstehen.

Voraussetzung ist nur, daß sich der Kausalzusammenhang zwischen der Vertragsverletzung, welche bereits durch Ansteckung des gemieteten Pferdes erfolgt ist, und dem ganzen Schaden nachweisen läßt.

Dagegen haftet der Mieter nicht nach deliktischen Grundsätzen wegen der Beschädigung dieses Pferdes und zwar mit Rücksicht auf seinen redlichen Besitz.

Doch ist er damit nicht auch von der deliktischen Verantwortlichkeit für den durch Untergang der übrigen Tiere entstandenen Schaden befreit.

„Der redliche Besitzer ist nicht verantwortlich, selbst wenn er nachlässig handelte."

Freilich reicht hier nicht der Nachweis eines Kausalzusammenhangs zwischen dem Vertrag verletzenden Verhalten, das zur Beschädigung der Mietsache führte, und dem eingetretenen Schaden aus. Der schuldhafte und widerrechtliche Charakter dieses Verhaltens ist vielmehr für die deliktische Verantwortlichkeit juristisch gleichgültig.

Das wird deutlich, wenn man das vertragswidrige, die Ansteckung des gemieteten Pferdes verursachende Verhalten ausschaltet.

Man denke z. B. an den Fall, daß A dem B ein Pferd verkauft. Nach dem Übergang der Gefahr auf den Käufer wird das Pferd durch Zufall angesteckt; A übergibt das Pferd; da die Krankheit dem B nicht erkennbar ist, wird dessen ganzer Viehbestand verseucht.

Oder:

A verwahrt unentgeltlich das Pferd des B; durch leichtes Verschulden des Erfüllungsgehilfen (§ 278) des A wird das Pferd krank; A verhält sich, als das Tier abgeholt wird, passiv, und nun geht alles Vieh des B ein.

Daß in solchen Fällen in dem Verhalten des A eine unerlaubte Handlung liegen kann, ist selbstverständlich.

Aber zweifellos liegt diese nicht in der ersten Handlung, in der Sachbeschädigung; für die ist A niemals deliktisch verantwortlich zu machen.

Das Delikt wird erst begangen bei Gelegenheit der Erfüllung. Es kommt darauf an, ob in diesem Momente die Voraussetzungen einer unerlaubten Handlung vorliegen.

Der Schuldner haftet also deliktisch, wenn er im Augenblick der Übergabe diesen (freilich unverschuldeten) Zustand kennt oder kennen muß, aber dem Gläubiger gegenüber verschweigt.

Und nicht vorsätzliches oder gar absichtliches arglistiges Verschweigen ist zum Tatbestand der unerlaubten Handlung erforderlich, vielmehr ist schon fahrlässiges Verschweigen ausreichend.[1])

[1]) Dies ist bestritten; vgl. Kipp in DJZ. VIII. 11. 03 S. 265. Es kann hier die Erörterung der Streitfrage unterbleiben, weil, wie man sich auch entscheiden mag, das wichtige Resultat, das jedenfalls in der ersten Handlung nicht das Delikt liegen kann, unverändert bleibt. — Auch auf die interessante Frage, welche Er-

Für die deliktische Verantwortlichkeit ist also maßgebend lediglich das Verhalten bei der Übergabe, nicht die erste die Beschädigung der Sache verursachende Handlung.

Ganz das gleiche gilt aber auch, wenn die Sache infolge eines Umstandes, den der Schuldner zu vertreten hat, in einen Schaden bringenden Zustand versetzt ist, wenn z. B. durch seine Fahrlässigkeit das Pferd angesteckt wurde.

Auch dann ist für den Schaden an den übrigen Pferden nicht kausal das zwar vertragswidrige und auch die Tatbestandsmerkmale einer unerlaubten Handlung umfassende, aber doch deliktischen Grundsätzen nicht unterstehende Verhalten; vielmehr hat erst das schuldhafte Verhalten bei der Übergabe die deliktische Haftung zur Folge. Es ist der Nachweis des Kausalzusammenhangs zwischen dieser Handlung und dem Schaden erforderlich.

§ 11.

In den bisher besprochenen Fällen umfaßte das Verhalten des Besitzers die Tatbestandsmerkmale einer Vertragsverletzung, der §§ 985 ff. und des § 823 I.

Es ist nunmehr zu untersuchen, welche Rechtsfolgen eintreten, wenn der Besitzer neben dem Verstoß gegen den Vertrag und §§ 985 ff. auch den § 826 verletzt.

Man denke z. B. an den Fall, daß der Besitzer, der sich ohne grobes Verschulden für den Eigentümer der Sache hält, erfährt, daß ein Dritter, welcher — wie sich nachher herausstellt — der wirkliche Eigentümer war, den Eigentumsanspruch gerichtlich geltend machen will. Wenn der Besitzer sich auch bestimmt für den Eigentümer hielt, so rechnete er doch immerhin mit der Möglichkeit, im Prozesse zu unterliegen. Um nun für diesen Fall zu verhindern, daß die Sache an den Dritten fällt, dem er sie unter keinen Umständen gönnt, zerstört er sie absichtlich noch kurz vor Zustellung der Klage, nimmt also damit eine seinem vermeintlichen Rechte entsprechende Handlung vor.[1])

---

fordernisse an die den gefahrdrohenden Zustand enthüllende Willenserklärung zu stellen sind, insbesondere, ob § 130 eingreift, kann hier nicht näher eingegangen werden.

[1]) Siber a. a. O. S. 117 u. 118: „Für Arglist hat jedermann und darum auch der redliche Besitzer einzustehen, der etwa vor der Rechtshängigkeit, aber

Oder es zerstört ein Mieter die Mietsache aus Rachsucht, lediglich in der Absicht, den vermietenden Eigentümer zu schädigen, begeht also eine Handlung, die seinem zutreffend erkannten Rechte widerspricht.

M. E. steht in beiden Fällen dem vermietenden Eigentümer der Schutz des § 826 zur Seite. Denn es ist hier entscheidend die Tatsache der vorsätzlichen unsittlichen Schadenszufügung. Welches Verhältnis im übrigen zwischen den Parteien besteht, ist gleichgültig, insbesondere kommt es auf die Tatsache des Besitzes auf der einen Seite, des Eigentums auf der anderen Seite überhaupt nicht an. In §§ 985 ff. wird lediglich das Verhältnis des Eigentümers zum Besitzer geregelt: nur dem Eigentümer gegenüber, der sich auf sein Eigentum beruft, kann der Besitzer die seine Haftung beschränkenden Vorschriften der §§ 987 ff. anführen. Der nach § 826 Geschädigte sieht aber von seinem Eigentum überhaupt ab: nicht um der vorsätzlichen und rechtswidrigen Verletzung des Eigentums willen klagt er, sondern wegen der vorsätzlichen unsittlichen Schadenszufügung.[1]) Läßt man die Haftungsbeschränkung der §§ 987 ff. gelten, so übersieht man, daß § 826 niemals lex generalis sein kann, daß vor dieser Norm alle Privilegien, alle Haftungsbeschränkungen des Schuldners wertlos, nichtig werden. Demgemäß kann sich der gegen § 826 verstoßende Schädiger nie darauf berufen, seine Haftung sei auf Grund einer anderen Bestimmung beschränkt oder seine Handlung gar ausdrücklich erlaubt.[2])

Es übt also die Tatsache des Besitzes keinen Einfluß auf die deliktische Haftung aus, wenn der Tatbestand des § 826 vorliegt.

Das Gleiche gilt aber auch im Falle des § 823 II. Es handelt sich auch hier, wie im § 826, gar nicht um das Verhältnis des

---

in Erwartung der Klage die Sache wegwirft oder veräußert." Auf welchen Paragraphen Siber die Haftung stützen will, geht aus seinen Darlegungen nicht hervor.

[1]) In § 823 I handelt es sich um das Verhältnis irgend eines zum Eigentümer; ist dieser irgend einer Besitzer, so greifen §§ 987 ff. ein. — Dagegen steht im § 826 das Verhältnis irgend eines zum vorsätzlich Geschädigten in Frage; ob dieser Eigentümer ist, bleibt gleichgültig, wie er ja auch — genau betrachtet — den Vermögensschaden ersetzt erhält, nicht den durch Verletzung des Eigentums entstandenen Schaden.

[2]) Vgl. Oertmann, in DJZ. VIII, 14, 03. S. 328. Vgl. auch oben S. 63 Anm. 2.

Besitzers zum Eigentümer. Wie es im § 826 auf die Tatsache des Eigentums überhaupt nicht ankommt, obwohl die Schadenszufügung in der Verletzung des Eigentums besteht, so ist auch, sofern die Voraussetzungen des § 823 II vorliegen, nicht der äußerliche Vorgang der seitens des Besitzers vorgenommenen Eigentumsverletzung maßgebend, sondern der in diesem Vorgang liegende Verstoß gegen ein Schutzgesetz. Der Gläubiger, der den Anspruch aus § 823 II geltend macht, tritt dann gar nicht in seiner Eigenschaft als Eigentümer auf, sondern weil gegen das zu seinen gunsten erlassene Schutzgesetz verstoßen ist. Auch § 823 II bildet wie § 826 gegenüber §§ 987 ff. die lex specialis. Darin liegt ein fundamentaler Unterschied zu der Bestimmung des § 823 I. — Denn letztere Norm ist, wie oben gezeigt wurde, zu §§ 985 ff. die lex generalis.

Deshalb haftet der Besitzer, auf Grund welchen Rechtstitels er den Besitz auch erlangt haben mag, uneingeschränkt, wenn er gegen das Schutzgesetz verstößt.

So ist z. B. dem öffentlichen Pfandleiher, der die von ihm in Pfand genommene Sache unbefugt gebraucht und dann beim Gebrauch zerstört, die Berufung darauf, er sei Besitzer und der Geschädigte Eigentümer, versagt. Denn nicht um der Verletzung des Eigentums willen — § 823 I — wird er in Anspruch genommen, sondern wegen des Verstoßes gegen eine speziellere lex — § 823 II BGB., § 290 StGB.

Ebenso ist der Mieter, welcher eine ihm mitvermietete Sache, die im Auftrage seines Gläubigers durch den Gerichtsvollzieher gepfändet worden ist, vorsätzlich zerstört, mit Rücksicht auf § 137 StGB. nach § 823 II BGB. verantwortlich. Auch dann, wenn der Gläubiger Eigentümer dieser Sache gewesen ist, kann die Tatsache, daß der Mieter Besitzer ist,[1]) auf seine Haftung nach § 823 II keinen Einfluß ausüben. Denn nicht, weil der Gläubiger Eigentümer der Sache ist, nimmt er den Schuldner in Anspruch, sondern weil dieser den Arrestbruch begangen hat; auch hier zeigt sich, daß der Anspruch des Gläubigers nicht aufgeht in dem durch § 823 I und §§ 987 ff. gewährten Schutze.

Nach gleichen Gesichtspunkten ist auch der Fall zu behandeln,

---

[1]) Daß der Schuldner trotz der Pfändung „Besitzer“ bleibt, darüber vgl. Gaupp-Stein II zu § 808 unter IV.

daß der Besitzer, etwa der Mieter, nach der Beendigung der Mietzeit die Sache nicht herausgibt und zwar schuldhafterweise. Hier sind zwar die einzelnen Tatbestandsmerkmale des § 823 I gegeben, so daß gemäß § 249 der Besitzer Herstellung, d. i. Herausgabe — genauer Wiederverschaffung — des Besitzes der Sache an den Eigentümer schulden würde. Doch auch hier bilden §§ 987 ff. leges speciales zu § 823 I, selbst wenn sich der Besitzer vorsätzlich seiner Herausgabepflicht entzogen hat.

Es konkurriert also bloß die Vertrags- und Eigentumsklage, nicht auch die Deliktsklage.

Ganz anders ist aber die Sachlage zu beurteilen, wenn das Verhalten des Besitzers gleichzeitig die Tatbestandsmerkmale der Unterschlagung (§ 246 StGB.) enthält. Hier ist wiederum der Verstoß gegen das den Schutz eines anderen bezweckende Gesetz gegeben, und deshalb ist der andere nicht auf die in §§ 987 ff. gewährten Rechte beschränkt.

Das Gesagte gilt aber auch, sofern die Voraussetzungen des § 303 StGB. vorliegen. Auch hier kann sich der Delinquent nicht auf seinen Besitz berufen. Denn es kommt auf diesen ebensowenig an, wie auf das Eigentum des anderen. Der äußere Vorgang enthält den Verstoß gegen ein Schutzgesetz. Das ist das Entscheidende. Bei der Berufung auf das Eigentum wird der Anspruch aus § 823 I geltend gemacht; demgegenüber wäre mit Rücksicht auf den Besitz des Delinquenten die Haftungsbeschränkung aus §§ 987 ff. gegeben. Stützt der Verletzte aber seinen Anspruch auf § 823 II, so klagt er nicht um der Verletzung des Eigentums, sondern um der Verletzung des Schutzgesetzes willen.

Dies tritt um so deutlicher hervor, als das Schutzgesetz des § 303 StGB. nicht lediglich zu gunsten des dinglich Berechtigten oder gar bloß des Eigentümers aufgestellt ist, vielmehr geschützt ist, wer durch das Vorgehen unmittelbar verletzt werden kann, also auch der Mieter seinem Untermieter gegenüber, der Entleiher dem gegenüber, welchem er den Gebrauch der Sache überlassen hat. [1])

[1]) Deshalb steht allen diesen auch das Antragsrecht zu, vgl. R. Entsch. in Strafs. 1, 308; 4, 326; 8, 399, Frank, Kommentar 2. Aufl. zu § 303 V. — A. M. insbesondere v. Liszt, § 132 Note 6.

§ 12.

Bei der vorigen Untersuchung, welche den Einfluß der Tatsache des Besitzes auf die deliktische Haftung behandelte, hat sich ergeben, daß die das Verhältnis des Besitzes zum Eigentümer regelnden Vorschriften eine (vergessene) lex vermissen lassen, die nachträglich einzufügen einfach unmöglich ist.

Es ist aber des weiteren der Nachweis geführt worden, daß das Fehlen dieser lex bloß die Anwendbarkeit des § 823 I ausschließt, nicht aber die der §§ 823 II und 826.

Dieses Ergebnis führt zu Resultaten, die den praktischen Bedürfnissen, den Verhältnissen des Lebens durchaus gerecht werden. [1])

Das soll im folgenden näher erläutert werden.

Wenn der Gläubiger, z. B. der Mieter, der die ihm zum Gebrauch vom Eigentümer überlassene Sache fahrlässigerweise beschädigt, nicht nach deliktischen Grundsätzen verantwortlich gemacht werden kann, so entspricht das durchaus der Billigkeit.

---

[1]) So entsprechen die Resultate auch fast ausschließlich den von Endemann § 200 Note 9—13 gegebenen Entscheidungen, so sehr auch die Begründungen der gleichen Ergebnisse voneinander abweichen mögen.

Die vielen von Endemann angeführten Beispiele entscheide ich ganz in seinem Sinne; nur unterfällt die bei der unberechtigten Benutzung des zur Aufbewahrung gegebenen Fahrrads infolge Fahrlässigkeit erfolgte Sachbeschädigung (vgl. Note 13 b) mit Rücksicht auf §§ 985 ff. nicht dem § 823 I. Diese Sachbeschädigung stellt vielmehr lediglich eine Vertragsverletzung dar. — Die vom Verwahrer vorgenommene Verwendung fremden Geldes in eigenem Nutzen (Note 12) ist in der Regel überhaupt nicht rechtswidrig; sie kann aber unter Umständen auch eine Unterschlagung sein; ist sie es, so ändert an ihrer juristischen Natur und Behandlung auch § 698 nichts; der Schadensersatz nach § 823 II ist dann ohne Zweifel gegeben.

Auch mit der von Cosack vertretenen Anschauung (vgl. oben S. 29 Anm. 1) stimmt unser Ergebnis gerade in den wichtigen Punkten überein. Auch unsere Untersuchung ist auf den Unterschied gestoßen zwischen der juristischen Behandlung der Fälle, die ihrem Tatbestande nach unter § 823 I zu subsumieren sind, und derjenigen, auf die §§ 823 II und 826 Anwendung finden.

Doch scheint der hier vorgeschlagene Versuch, eine Reihe gerade solcher Konsequenzen zu vermeiden, aus denen die Gegner der Cosackschen Ansicht wichtige Argumente gegen ihre Richtigkeit herzuleiten versuchten:

Es findet der Ausschluß deliktischer Haftung bloß bei fahrlässiger Beschädigung von S a c h e n, nicht also bei Verletzung von Leben, Körper, Gesund-

Denn es ist doch ein Unterschied, der eine verschiedene gesetzliche Regelung rechtfertigt, ob jemand als Mieter eine Sache, wenn auch fahrlässig — so doch bei Gelegenheit der Ausübung seiner Mietrechte — verletzt oder aber als Dritter, der von vornherein mit der Sache überhaupt nichts zu schaffen hat.[1]) Das Besitzverhältnis bringt den Schuldner unausgesetzt in die Gefahr, die Sache zu beschädigen[2]) und in praxi verläuft kein Gebrauch von längerer Dauer ohne solche Beschädigung. Damit rechnet der Eigentümer, der die Sache aus seiner Hand an den Mieter zum Zwecke der Benutzung gibt. Würde dieser schon bei jeder

---

heit usw. Anwendung. Erwägt man, daß § 823 II bloß als Ergänzung zu § 823 I gedacht ist, so scheint es passender, gerade die Hauptfälle von Delikten wie Körperverletzung, Totschlag, Gesundheitsbeschädigung usw. auch unmittelbar dem § 823 I zu unterstellen und nicht erst auf dem Umwege über das Schutzgesetz zu der Begründung der Schadensersatzpflicht zu kommen. Wo es sich um unveräußerliche, unserer rechtsgeschäftlichen Verfügung entzogene Lebensgüter handelt, entspricht es unserem Rechtsgefühle mehr, dem Schuldverhältnis auch nicht den geringsten Einfluß auf das Delikt einzuräumen, vielmehr scheint hier die gänzliche Ignorierung des vertraglichen Elements geboten.

Ganz anders bei der Sachbeschädigung. Mag auch auf gleiche Stufe mit Leben, Körper usw. in § 823 I das Eigentum gestellt sein, so ist damit doch nicht diesem der gleiche Schutz, auch soweit es sich um zivilrechtliche Ansprüche handelt, unter allen Umständen gegeben. Beweis hierfür schon die §§ 985 ff. Vgl. auch Reichshaftpflichtgesetz vom 7. Juni 1871, § 1; es wird nur gehaftet für Tötung und Körperverletzung, nicht auch für Sachbeschädigung, und hierin hat auch Art. 42 EGBGB. nichts geändert. Anders: Preuß. Gesetz über die Eisenbahnunternehmungen v. 3. Nov. 1838, § 25.

[1]) Endemann, § 200, Note 12.

[2]) Gegen diese Ansicht kann auch nicht mit Erfolg geltend gemacht werden, daß dem Besitzdiener, der doch auch die Sache tatsächlich in Händen habe, eine gleiche Ermäßigung der Haftung zugute kommen müßte; denn es ist zu berücksichtigen, daß der Besitzdiener den auf die Sache beziehenden Weisungen seines Besitzers Folge zu leisten hat, daß er alles, was er tut, mit Rücksicht auf seinen Herrn und dessen Nutzen ausführt, daß er die tatsächliche Gewalt bloß während einer verhältnismäßig kurzen Dauer ausübt, und ihm um deswillen die Aufwendung großer Sorgfalt zugemutet werden kann. — A. M. Crome, System II § 324 Note 32. — Wo sich aber eine solche weitgehende Haftung als untunlich herausgestellt hat, ist vielfach das Verhältnis des Besitzdieners zu seinem Besitzer besonders geregelt und eine Erleichterung der Haftung festgesetzt. So muß z. B. nach § 21 der Gesindeordnung vom 19. August 1844 für die Rheinprovinz das Gesinde der Herrschaft in der Regel bloß den durch Vorsatz oder grobes Versehen zugefügten Schaden ersetzen; dieser § 21 ist lex specialis zu § 823 BGB.

fahrlässigen Beschädigung auch deliktisch haften, so würde er seiner Miete nimmer froh.[1])

Das Interesse des Vermieters an der Sache erschöpft sich im wesentlichen darin, sie nach Beendigung der Mietzeit in ordnungsmäßigem Zustande zurückzuerhalten. Was in der Zwischenzeit mit der Sache geschieht, kümmert ihn in der Regel nicht.[2]) Deshalb werden auch die vertraglichen Ersatzansprüche — wegen Verschlechterung der Sache — der Schadensersatz wegen Nichterfüllung — erst bei Beendigung der Miete fällig und einforderbar.

Gerade diese bedeutsame Bestimmung wird aber beinahe illusorisch, wenn man auch den deliktischen Schadensersatzanspruch gewährt: da dieser durch Herstellung zu leisten ist (§ 249), so führt dies geradezu dahin, daß der Mieter die Sache ununterbrochen in rückgabefähigem Zustand erhalten muß. Je länger das Mietverhältnis von dem Schaden bringenden Verhalten ab noch dauert, um so unerträglicher würde für den Mieter die deliktische Haftung sein.[3])

---

[1]) Daß die Rechtswidrigkeit in vielen Fällen ausgeschlossen sein kann, darüber siehe oben S. 27f.

[2]) Nur für außergewöhnliche Fälle ist dem Vermieter die Möglichkeit der sofortigen Reparatur oder der Verhinderung weiterer Schäden gegeben: Klage auf Unterlassung (§ 550) und Kündigung ohne Einhaltung einer Kündigungsfrist (§ 553).

[3]) Es mag hier auf folgenden Fall verwiesen sein: Ein Unternehmer hatte eine Dreschmaschine nebst Lokomobile gemietet; er wollte mit ihr von Hof zu Hof und von Dorf zu Dorf ziehen, um den Bauern das Getreide auszudreschen. Der Drusch begann im Spätherbst und sollte Mitte März beendet sein; auf diesen Zeitraum war auch das Mietverhältnis abgeschlossen. Durch eine Unvorsichtigkeit — Fahrlässigkeit — des Mieters wurde gleich beim ersten Male die Lokomobile stark beschädigt. Mit einer notdürftigen, schnell und billig ausgeführten Reparatur wurde die Maschine wieder insoweit in stand gesetzt, daß sie $^3/_4$ ihrer sonstigen Arbeit leisten konnte. Der vermietende Eigentümer klagte aber auf sofortige Herstellung in den früheren Zustand und darauf hingewiesen, daß er erst mit der Beendigung der Mietzeit diese Herstellung verlangen könne, stützte er seine Klage auf § 823 I. Zu solcher Reparatur fehlten aber dem Mieter die Mittel, die er eben erst durch die Arbeit während des Winters sich verschaffen wollte; auch wies er nach, daß diese Reparatur gerade jetzt wochenlang dauern und besonders kostspielig sein würde, weil die Fabriken, wie stets bei Beginn der Druschperiode, mit Aufträgen überhäuft seien. Auf den Einwand des Mieters, es lägen die Voraussetzungen des § 226 vor, entgegnete der Kläger, er stände

Begeht dagegen der Mieter eine vorsätzliche und rechtswidrige Sachbeschädigung, so würde es dem Rechtsgefühl widerstreiten, wenn der Eigentümer nur die sofortige kriminelle Bestrafung durchsetzen könnte, dagegen mit der Geltendmachung seines zivilrechtlichen Schadensersatzanspruches bis zur Beendigung des Mietverhältnisses warten müßte.[1])

Liegt ein kriminelles Verhalten des Mieters vor, so scheint es auch gerechter, wegen der Ersatzansprüche die längere Verjährungfrist von drei bzw. dreißig Jahren (§ 852) zu verstatten, als bereits sechs Monate nach der Rückgabe den Delinquenten durch Gewährung der Einrede der Verjährung haftfrei zu machen (§ 558).

Dagegen ist es mit Rücksicht auf § 558 höchst ungerecht, einen Mieter noch dreißig Jahre lang für fahrlässige Beschädigungen haften zu lassen.[2])

Der Zweck des § 558 geht doch offenbar dahin, nach einem kurzen Zeitraum zwischen den Parteien reinen Tisch zu machen;

---

mit einem Dritten wegen des Verkaufs der Maschine in Unterhandlung, und er habe mehr Aussicht auf einen günstigen Abschluß, wenn die Maschine schon jetzt in tadellosem Zustande wäre.

[1]) Crome (in DJZ. IX. 1, 04 S. 16f.) macht gegen die Unterscheidung von § 823 I und 823 II geltend, „die Schadensersatzpflicht des BGB. würde in ganz ungerechtfertigter Weise dem Zufall anheim gegeben; der öffentliche Gesichtspunkt werde zu Unrecht in die rein privatrechtliche Frage nach dem Schadensersatz hineingetragen: mit gutem Grunde sei die fahrlässige Körperverletzung unter kriminelle Strafe gestellt, die fahrlässige Sachbeschädigung dagegen nicht. Etwas anderes aber sei die zivilrechtliche Verpflichtung zum Ersatz des eingetretenen Schadens; hier sei für eine Unterscheidung kein Raum, was schon aus der Gleichstellung der Verletzung des Eigentums mit der Verletzung von Leib und Leben folge".

Es ist aber zu berücksichtigen, daß dieses durch Hineintragen des öffentlichen Gesichtspunktes entstehende „Zerrbild" nicht eine irrtümliche Auffassung auf dem Gebiete der Ansprüchekonkurrenz widerspiegelt, daß vielmehr überhaupt durch § 823 II die zivilrechtliche Schadensersatzpflicht in Abhängigkeit vom Strafgesetzbuch und ähnlichen Bestimmungen gebracht ist. So sehr man die Anwendbarkeit des § 823 II auch beschränken mag, indem man nur solche Handlungen ihm unterstellt, die ihre Spitze unmittelbar gegen eine bestimmte Person richten, so bleibt es deshalb doch wahr, daß nicht bloß der Gesetzgeber unseres Strafgesetzbuchs, sondern auch die Polizei in erheblichem Umfange Zivilrecht schafft. Vgl. Detmold, a. a. O. S. 328 ff., insbesondere S. 344 f., S. 350 f.

[2]) Diese Entscheidung wird dadurch nicht gerechter, daß an Beweisschwierigkeiten ein solcher Anspruch häufig scheitern wird.

und diese im Interesse der Sicherheit des Verkehrs so äußerst zweckmäßige Bestimmung darf nicht durch Gewährung deliktischer Ansprüche vereitelt werden. Es zeigt sich also, daß die vom Gesetz gegebene Regelung bloß eine unbillige Überschätzung des Eigentumsschutzes vermeidet, ohne damit einen „Freibrief für Delikte“ zu gewähren.

Auch die Frage nach dem Einfluß der durch das Vertragsverhältnis bestimmten gesetzlichen Haftungsbeschränkung auf das Delikt wird in einer dem Rechtsgefühle und den praktischen Bedürfnissen m. E. durchaus entsprechenden Weise gelöst, wenn man § 823 I als die lex generalis zu § 987 ff. ansieht.

Jene Inkongruenz, die sich hinsichtlich des Grades des Verschuldens zwischen der Haftung z. B. des Verwahrers aus dem Vertrage (§ 690) und seiner Verantwortlichkeit aus unerlaubter Handlung ergibt, wird auf die einfachste Weise beseitigt.

Denn da der Verwahrer Besitzer ist, haftet er aus dem Delikte überhaupt nicht.[1])

Doch bezieht sich der Wegfall dieser deliktischen Haftung lediglich auf die verwahrte Sache. Bei der Verletzung anderer nicht im Besitze des Schuldners befindlicher Sachen des Eigentümers, welche durch die verwahrte Sache Schaden erleiden, kommt die deliktische Haftung wieder zur Geltung, und zwar ohne jede Einschränkung auch hinsichtlich des Grads des Verschuldens.

So ist der Verleiher oder Schenker keineswegs haftfrei, wenn er auch bei leichter Fahrlässigkeit Sachen des Empfängers vernichtet, wenn unter den geschenkten Kohlen eine Dynamitpatrone steckt, wenn mittels der geschenkten oder geliehenen Sache Krankheiten beim Empfänger eingeschleppt werden usw.[2]) — In solchen Fällen würde es m. E. unbillig sein, mit Rücksicht darauf, daß es sich bloß um leichte Fahrlässigkeit handelt, den Anspruch aus dem Delikte zu verneinen.

Aber ganz anders ist doch die Sachlage zu beurteilen, wenn der Verwahrer (§ 690), welcher seinen ihm durch den Verwahrungsvertrag auferlegten Pflichten mit einer diligentia quam

---

[1]) Es müßten denn die Voraussetzungen des § 992 vorliegen.

[2]) Beispiele Cromes in DJZ. IX, 1 04, S. 16 f.

suis gerecht wird, eben bei der ordnungsmäßigen Erfüllung dieser Pflichten die in Verwahrung genommene Sache beschädigt. Hier verlangt das Rechtsgefühl, auch die deliktische Haftung zu verneinen.[1])

[1]) Die hier zuletzt gegebenen Entscheidungen entsprechen durchaus auch den Anforderungen, welche Kipp in DJZ. VIII 11, 03, S. 256 stellt. Vgl. oben S. 45 Anm. 3.

Lippert & Co. (G. Pätz'sche Buchdruckerei), Naumburg a. S.

Kolibri 360 GmbH
Ferdinand-Jühlke-Straße 7
99095 Erfurt, Deutschland
produktsicherheit@kolibri360.de